2・3
歳児クラス編

遊んで感じて自分らしく

思いをつなぐ
保育の環境構成

宮里暁美 ● 編著　文京区立お茶の水女子大学こども園 ● 著

中央法規

はじめに

　「のびやかさ」と一人ひとりの子どもの「自分らしさ」は何によって保たれているのでしょうか？やりたい気持ちがいっぱいで、一筋縄ではいかない、２・３歳児クラスの子どもたちが過ごす場所には、適度なごちゃごちゃ感と、その底辺に流れている穏やかな豊かさがあるように思います。

　2016年4月に開園して以来、子どもたちが自分らしく過ごす場所でありたいと願って、保育の日々を紡いできました。その記録を、3冊の本にまとめました。

　0・1歳、2・3歳、4・5歳という隣り合わせの年齢でまとめています。0～2歳、3～5歳という括りではなく、隣り合う年齢の子どもたちで括る視点に新しさがあります。つながるものと、ひろがっていくものが見えるように思います。

　第1章では、その年齢の子どもたちの特性や環境のあり方についてまとめました。第2章・第3章は、本園の実践事例です。環境に焦点を当て、写真を多く使い保育の様子をまとめています。身近な環境を見直したり手を加えたりするヒントも提案しています。

　第4章は、豊かな実践を行っている園の事例を掲載しています。いろいろな地域の実践ですが、共通しているのは、子どもを中心に置きながら環境を工夫し改善する姿勢です。事例に対するコメントも併せてお読みください。

　第5章は、Ｑ＆Ａ。保育環境についてのさまざまな悩みを紹介しています。悩むということは、子どものために心を砕いているという状態です。そこからすべてが始まります。「ある　ある！」と悩みに共感しつつ、回答を一緒に考えていただけたら、と願います。

　第6章は、評価のポイント。環境を工夫・改善し、実践をしていく際の重要な視点です。実際に各園で行っていただけるようワークシートもついています。ぜひご活用ください。

子どもたちと保育者とさまざまな素材や遊具、笑い合う声や駆け出す足音、吹く風や木々の揺らぎが相まって、「今、この時」が生まれます。そのようにして生まれ続ける「今、この時」を、いくつかのキーワードで切り取ってまとめてみたら、明日の保育の参考になるのではないか。どこかにいる誰かが、活用してくれるかもしれない。そうだったらいいな！と願って作った本です。あなたの保育の今日、そして明日！に生かしていただけたら、とてもうれしいです！

　子どもたちと応答し作り上げていく豊かな保育が日本中に広がっていきますように、という願いを込めて。

宮里暁美

CONTENTS

第3章 3歳児の遊びと生活

第4章 実践にみる環境構成の工夫

第5章 ここが迷う 環境構成のQ&A

第6章 保育の環境と評価

2・3歳児の 保育の基本

2、3歳になると、言葉もなめらかになってきます。「〇〇がほしいの」「だって…」と、ちょっとした会話も成り立つようになってきます。自分で物事を考える力や思考力が育ってくる頃です。

笑ったり泣いたり忙しい時期ですが、子どもたちには、毎日の遊びや生活の中で「ゆっくり自分」になっていってほしいと願います。2・3歳児の保育で大切にしたいことや環境や援助のあり方をまとめました。

1 2・3歳児の保育で大切にしたいこと

1 子どもがやり始めたこと・物が混在していくことを大切にする

保育室の中に遊具棚があります。カップや電車のおもちゃ、パズルなどが置いてある棚ですが、その棚にきれいに遊具を並べている子どもがいました（左の写真）。

棚におもちゃを並べ始めました。一度並べてみて、これはどこに置こうかな、と考えています。

一番上の段には、カップの中にチェーンリングを入れたもの。2番目の段には、リング状の遊具。一番下の段には、丸い遊具を並べています。並んだものを眺めていると、そこには思いがあるように思えます。伸ばした手の先を見ていると、次はどこに置こうかな、どれとどれを並べようかな、と考えているようにも思えます。

この遊びをしながら感じているのは、物の形や色、感触、並んだ時の気持ちよさ等ではないでしょうか。子どもがやり始めたことには、大切な意味があります。子どもが自由にかかわれる環境を用意し、やり始めたことを見逃さず、受け止め認めていく援助を重ねていきたいと思います。

右の写真は、遊具棚にあったものを組み合わせて遊んでいる様子です。電車のレールと電車はセットになっている遊具ですが、そのレールを挟むようにして立てている物は、電車のおもちゃとは別の物です。しかし子どもは、そのようなことにこだわりません。陸橋のようなイメージでしょうか。レールの両側に置いています。遊具を入れていたプラスチックの容器も、ちょうど対だったので、やはりレールの両側に置いています。コルクの積み木も……。

レールを並べたら、次はいろいろなものを持ってきて置き始めました。

このようにして、電車の線路のまわりがにぎやかになりました。子どもでなければ思いつかない場面構成だと思いませんか。いろいろなものを持ち込み組み合わせて遊ぶということは、とても豊かな発想です。単一の物だけで遊ばせたり、いろいろな物が混ざっていくことを制止したら、このような姿は出てきません。

子どもたちは遊びの中で、自分の思いを実現していきます。子どもたちの身の回りにあるものを自由に組み合わせて遊ぶことを大事にしていくと、豊かな世界が広がります。子どもがやり始めたことを大切にすることは、2・3歳児の豊かな遊びを広げていくための大切なポイントです。

② 自分でやろうとする気持ちを受け止め、自立を急がない

2歳児になると、できることがぐんと増えてきます。靴下を履くことも、できるようになることの一つです。初めのうちは、かかとの部分が前にきてしまうこともありましたが、何度もやっているうちに、上手にできるようになっていきます。靴下を履いている時の子どもたちの顔は、真剣そのものです。

衣服や靴、帽子の着脱が上手にできた！ と感じられる体験を通して、子どもたちは「大きくなった！」という実感を得ているのでしょう。ですから、散歩の準備は余裕をもって取り組めるようにしたいものです。自分でやろうと思っている子どもに、妥協はありません。どう見ても履けている靴下を、なぜか脱ぎ始める子がいました。「どうしたの？」と聞くと「ちょっと違う」と言うのです。

せっかく上手に履けた靴下をもう一度履き直すので時間がかかりますが、そこは待ちたいポイントです。「もう時間だから」と言って急かしたり、保育者がやってしまうと、「自分でやりたかった！」と泣き出し、散歩の間中泣き続けてしまう悲劇が待ち受けている可能性が大きいです。

自分の意見をもち、何でも自分でやりたがるようになることは、成長の一歩です。時間に余裕をもつことで、育ちの芽をつぶさずに済みます。

自分の靴下を見つけて履いている子どもたち

散歩の必需品の帽子と靴下入れ

左の写真は、散歩の必需品である帽子と靴下の入れ物です。飲み物のパックを活用して作りました。このような状態でテラスに置いておくと、「散歩に行くから準備をしようね」という保育者の声を聞き、自分から用意する姿が見られるようになります。散歩の必需品が一度に手に入るので、とてもよいやり方だと思いました。別々の場所にしまってあったら保育者の声かけが増えてしまいますが、これならば一度で解決です。散歩から帰った時も、脱いだ帽子と靴下を自分で入れていました。

このようにできることが増え、やりたがり屋な子どもたちですが、時々甘えたくなります。できることでも「手伝って！」と言いに来たりします。そのような気持ちはしっかり受け止めて、一緒に行うようにします。「いつでも手伝うよ」という気持ちを伝えると、子どもは安心して自立していくように思います。自立を急がないようにしたいと思います。

③ 場に入り込み、物を持ったり身に着けたりして遊ぶこと

2歳児の保育室に、子どもが潜り込める場所を作りました。「机を収納する」という用途で作った場ですが、机は外に出して使うことが多いので、基本的にいつも空いています。どうぞ、入って遊んでくださいね！と場所が呼びかけているようで、いつ見てもその場でじっくり遊ぶ姿がありました。

このような狭い場所に入り込むことで、子どもたちは人との距離感や親密さを味わっているようです。それぞれに大事なおもちゃを手に持ち、布を身にまとい、身を寄せ合ってその場にいることで感じとる一体感が、子どもたちをひきつけているようです。この場所は、家になる

狭い場所に入り込んで。押入れの下の段に入って遊ぶような楽しさを味わっているのかな

こともあれば、乗り物のイメージに
なり、ぎゅうぎゅうになって入り込
み通勤の雰囲気を味わう姿も見られ
ました。「つもりになって遊ぶ」こ
とを楽しめるようになってきた2〜
3歳の頃にぴったりな場所です。

2歳児クラスの子どもたちは、薄
い布のマントや紐のついた箱、抱っ
こ紐、手提げ袋等がお気に入りで
す。クマの人形を背負い、布の袋に
絵本を詰め込んだ子どもたちは、今
こども園へ行く途中で、地下鉄に
乗っているところだそうです。いろ
いろな物を身にまとい手に持つこと

今からこども園へ行くところ

で、何かになったつもりになる、それがとても楽しいようです。

場に入り込み、物を身に着けて遊ぶことを通して、イメージの世界で遊ぶ楽し
さを味わう子どもたちです。

2歳児クラスのままごとコーナーの棚には、お手玉やチェーンリング、カラー軍
手で作ったソーセージのようなものがあります。イメージが固定化しすぎず、い
ろいろなものに見立てて遊ぶことできそうなものをそろえています。エプロンや
三角巾、スカーフなど、身につけて遊ぶものも大人気です。「おかあさん」「おと
うさん」と言った一番身近な存在になったつもりの遊びを支えるものたちです。
保育者の手づくりですが、不必要な装飾は施さず、シンプルに作っています。三
角巾はゴムを使うことで、自分で着脱できるように工夫しています。

④ 場を作って遊ぶことを通して味わっていること

2歳児クラスから3歳児クラスへの進級は、大きな変化です。11名から22名へ
と一緒に過ごす子どもの数が多くなり、保育室のスペースも広くなります。活動
量も増してきているので広い場所が必要になりますが、落ち着いて遊ぶためには
ある程度の狭さも必要です。

「お家作ろう」と囲んでみます

小さな部屋がいくつもできました！

そこで活躍するのは、子どもたちが自分で出し入れし動かせる、段ボール紙の仕切りです。高さはすね丈程度の低いものが扱いやすく、安定感があります。低い仕切りも囲われているという雰囲気を感じられることが、子どもたちの様子からわかりました。

場を作る道具は段ボールの他に、コルク積み木やゴザ、レジャーシートなど、子どもが扱える大きさや材質のものを用意します。子どもたちが持ち出して遊び出したら、しばらく様子を見ます。

段ボールの囲いは人気がありましたが、倒れやすいという欠点がありました。そこで、さらにもう少し低い高さで長さも短いものを作ってみました。

すると、自分のまわりを囲み、個室ができあがりました。子どもたちが気に入って何度も使っているうちに段ボールが柔らかくなり、しんなりして、倒れにくくなりました。使い終わると丸めるようにしたので、よりいっそうしんなりして、使いやすくなっていきました。

場を作って遊ぶようになることが成長であり、自分たちが作った場で遊ぶ中で、イメージを出し合い、友だちと共有して遊ぶ楽しさを味わうようになっていきます。

⑤ 自然の中に入り込み、触れて感じる体験を大切に

行動範囲が広がってくる2・3歳児。身近な環境に直接触れることを通してさまざまに感じとることが、探索のきっかけになります。

散歩に出かけた先で、草むらを見つけたら中に入り込んでみます。初めは恐る恐るという様子が見られますが、経験を重ねる中で、「大丈夫」という気持ちを抱けるようになります。安心できる保育者がいるから大丈夫、という気持ちを抱けるよう、保育者も楽しみな気持ちで草むらに入っていきます。

草むらの中に入り込むと、外からでは感じられなかった香りや音がしてきます。しばらくそこで過ごしていれば、カマキリやバッタ、トンボに会えるかもしれません。

　小さな命に触れて、夢中になって過ごす体験は、子どもたちの心をつかんで離しません。身近にこのような場所がなかったら、プランター数個にカラスノエンドウやカタバミなどを植えてみるだけで、虫を呼べるかもしれません。

　小さな植え込みも、入り込めばジャングルです。小さな石、小さな虫、名もない草や花、実と出会い遊ぶことから始めてみましょう。

草むらに入り込む子どもたち

6　2歳児クラスから3歳児クラスへ、新しい出会いに向けて

　こども園では、3歳児クラスに進級する時に新しい友だちとの出会いがあります。3歳児で入園してくる1号認定（教育標準時間認定）の子どもたちとの出会いです。

　0歳児の頃から一緒に過ごし成長した進級の子どもたちと、家庭や地域の小規模保育所等で育ってきた新入園の子どもたちの出会いは、新しい局面を開く大事な瞬間だと考えます。不安を感じがちですが、少しでも安心した気持ちで日々をスタートできるよう、次のことを大事にしています。

● 2歳児の3月を3歳児クラスの準備の時期にしない。3歳児の保育スペースで遊ぶ機会を無理なくもちつつ、2歳児の安定したスペースでゆったり遊ぶ日々を大切にする。

● 2歳児クラスで楽しんできた遊具、拠り所になっている物と一緒に進級することで、安心感がもてるようにする。

● 新入児、進級児、それぞれの不安感に寄り添いながら、楽しく遊ぶ時間を重ね、安心できるようにしていく。

● 子どもたち一人ひとり、保護者一人ひとりに声をかけ、丁寧に接している姿勢を示していく。

● 他学年の保育者とも連携をとり、園全体で子どもたちに接し、保育していく。

　これらは保育所においても同様に考えられることでしょう。スムーズな移行のために、3月頃から進級した後の生活を始めるという方法を聞くことがありますが、急ぐ必要はありません。新しい生活が始まれば、子どもはゆっくり馴染んでいきます。まずは保育者が安定した気持ちで移行期を迎えることが大切です。

2 一人ひとりが自分らしく 遊び出す環境や援助のあり方

1 それぞれの気持ちを受け止め、つないでいくかかわり

　2・3歳の頃は、さまざまな体験を通して遊びの楽しさや人とかかわる喜びを味わい、「ゆっくり自分」になっていく時期です。相手のことを思い、自分の気持ちを調整することも少しずつできるようになってきますが、「少しずつ」という条件つきだということを忘れずにいたいと思います。

黄色い電車をめぐるトラブル。「そういうわけだったの？」「いやだったのね」とそれぞれの思いを受け止めつなぐ保育者のかかわりで、泣き顔から笑顔へ

　この時期、物の取り合いがよく起こります。左の写真はそんな一コマです。Aちゃんが電車を長くつないで遊んでいたら、近づいてきたBちゃんが一番後ろの黄色い電車をとってしまいました。「ダメ！」と取り返そうとするAちゃんの声を聞いてかけつけた保育者が、2人の間に入りました。

　「どうしたかったの？」と双方の気持ちを聞いて、つないでいきます。「Aちゃんはそうだったのね」「Bちゃんはそうしたかったのね」と、ゆっくり穏やかに双方の思いを言葉にしていきます。その繰り返しの中で、Bちゃんは「（黄色い電車を）かして」が言えて、Aちゃんは「いいよ」が言えました。わかり合うには時間がかかる、急がないことが大事だなと教えられた1コマでした。

2 遊具の種類や量って、どのくらいがちょうどいい？

　保育室の中には、いろいろな遊具が置いてあります。子どもたちのいる場所には、多様なものを適量置くようにしたいですね。多様であることが大切なのは、いろいろな発見があり組み合わせの妙が生まれるからです。単一ではつまらないものです。

　では、適量とはどのくらいでしょうか。皆さんはどのくらいだと思いますか？

　1人に1つずつないとけんかになると考えて、人数分用意する方法もありますが、私は反対です。1つの物を大量に用意すると、環境におけるその物の存在感が大きくなりすぎて、まるで「これで遊びなさい！」と言っているような環境になってしまいます。それによって、子どもが集中しすぎて逆にトラブルが起こりやすくなることもあるのではないでしょうか。

　子どもたちの遊びが豊かであるかどうかを見極める視点として、「数種類の遊びが同時に進行している」があります。その考えに立てば、3〜5人くらいの子どもが手にして遊べる量がちょうどよいでしょう。

　限られた量の多様な遊具に触れ、組み合わせて遊ぶ楽しさを味わったり、時には友だちが使っているものを使いたくなってトラブルになったりしながら、自分の思いの出し方、伝え方を学んでいくのです。

取り出して遊んでみたくなる多様なおもちゃが並んでいます。

③ 子どもたちの少しずつの成長を見逃さず喜ぶ保育者

　子どものエピソードを語り合う月例の園内研究会で、1人の保育者が「みんな少しずつ大きくなったな、と思ったんです」と話し出しました。牛乳パックで作った手づくりの椅子をめぐる3人の子どものやりとりです。2人の子どもが牛乳パックで作った椅子を押して遊んでいたら、別の子どもがやってきて「貸してほしい」と交渉しました。交渉は決裂しますが、そのやりとりの中に子どもたちの成長を見ている保育者の視点がすごいと思いました。次頁の図は、子どもたちのやりとりをまとめたものです。

椅子を押して遊ぶ子どもたち。この姿になるまでには、ある物語がありました…。写真には映っていませんが、もう1人青色マントをつけた子が同じように椅子を押していました。

牛乳パックで作った椅子を押して遊ぶ2人の子ども。黄色マントちゃんと、青マントちゃん

↓

そこへ青色シマシマくんが登場。青マントちゃんに「かわって」と言う

↓

「ダメ」と断る青マントちゃん

↓

青色シマシマくんは、保育者のところに行き「ダメだって」と言う。保育者は、断られても怒らなかったことに成長を感じ「そうだったの。がまんできたの」と声をかける

↑

青色シマシマくんは、青マントちゃんの背中を押す（椅子がだめなら、せめて背中だけでも）

↓

青マントちゃんは、ちょっといやだなという顔をしながらも、背中を押されたまま一緒に進む

↓

少しして、青マントちゃんは「やっぱりやめて」と言う

↓

青色シマシマくんは、保育者のところに行き「やっぱりダメだって」と言う。保育者は断られても怒らなかったことに成長を感じ「そうだったの。がまんできたの」と声をかける

←

黄色マントちゃんがやってきて
「私の背中いいよ！」
と言う

保育者は、「使いたい」という思いを拒否されても怒ったりせずに、それならば…と、違うアプローチをしていく青色シマシマくんの姿に成長を感じています。背中を押されて嫌だなと思いながら、少しの間我慢して押させてあげた青マントちゃん（写真には写っていません）の姿にも「成長」を見ています。さらに、青色シマシマくんと青マントちゃんのやりとりを見て、「私の背中いいよ」と言ってくれた黄色マントちゃんの発言を感心して受け止めています。そして、最後に保育者が言った言葉は、「みんな少しずつがまんしている。それが2歳児クラスの3学期かなと思って」でした。

椅子は貸してあげたくない、背中を押されるのも本当はいやだったけれど、すぐに「やめて」とは言わず、少しの間背中を押させてあげた青マントちゃんの姿に「少しのがまん」を見出しているのです。「代わって（貸して）」という申し出を断られても、怒ったりせずに「ダメだって」としょんぼりと言いに来る青色シマシマくんの姿に成長を見ながらも、それであきらめてしまわず「椅子がダメなら背中だけでも」とかかわっていく姿を微笑ましく見守り、がまんしたままではないことに大切な意味を見出しています。

子どもたちは、夢中になって遊ぶ中で「これならいい？」「こうすればどう？」と交渉しています。断られても、断られても、あきらめずに、手を替え品を替えて。そこで体験しているのは、微妙なさじ加減です。人とかかわっていく上で大切なさじ加減を学んでいるのです。そのような子どもの動きを見逃さず見守ったり、支えたりする保育者のかかわりがとても大切です。

4　心地良い生活の流れの中で、「子どもを待つ」「子どもが動く」保育を実現する

　子どもたちが過ごす園生活では、身体を十分に動かして遊ぶ体験、おいしく食べる生活、その後の穏やかな午睡等、生活の一つひとつが心地よく進行することを心がけたいと思います。そのためには、1日の生活の流れを無理のないものにすること、子どもの動きや気持ちに沿っていることが大切だと考えます。

　右上の写真は散歩から帰ってきたシーンですが、登場する保育者を見てください。子どもたちが置いていった帽子を片づけています。その保育者の周りで、子どもが自分から動いています。

　4月からの生活の積み重ねの中で、子どもが動けるようになっているわけですが、保育者が指示をして、保育者の指示どおりに動くようにする保育ではなく、子どもたちが動きやすいように場を整え、子どもの気持ちに寄り添い、子どもが動き出す時を待つ保育を重ねる中で育ってきた姿のように思います。

　「子どもを待たせる」のではなく、「子どもを待つ」保育。「子どもを動かす」保育ではなく、「子どもが動く」保育。子どもたち一人ひとりが輝く保育を実現するために、心地良い生活の流れに配慮して環境のあり方を工夫することが大切です。

散歩から帰ってきた子どもたち。少し庭で遊びます。部屋に入ろうと靴を脱ぐ子ども、もう少し外にいたいという子どももいます。保育者はみんなの帽子を片づけながら、子どもたちを急かしたりしません。

昼食の前には着替えをします。午睡のために布団を準備をしているものの、子どもたちが通りやすいように道を空けておきます。着る服をそろえておくと、自分で上手に着替えたり、脱いだ服をたたんだりしています。

⑤ 子どもの葛藤や喜びの中での育ちを保護者と共有する

　2・3歳児は、一人でできることが増えてくる一方で、思いどおりにできなくて泣いたり怒ったりすることもある、いわゆる「イヤイヤ期」真っ盛り、という時期です。それだけに、保護者も葛藤を抱えがちではないでしょうか。

　この時期の保護者との連携では、悩みを相談しやすい雰囲気を作っていくことが大切です。お迎えの時などに、楽しかった話を伝えたり、家庭での様子を聞いたりします。友だちとのトラブルが多く、ケガの報告が続いてしまうと、保護者の表情も曇りがちです。ケガになるようなトラブルは未然に防ぐように気をつけることはもちろんですが、保護者の気持ちに寄り添い、気持ちを受け止めるかかわりを重ねましょう。

　毎月1枚作成しているポートフォリオ（写真とエピソードでその子どもの姿を紹介するもの）では、子どもが夢中になって遊んでいる姿を紹介するようにします。砂場で思い切り穴を掘っているところ、草むらの中で虫探しに夢中になっているところ、おいしいごちそうをたくさん作ってごっこ遊びをしているところなど、その子が集中して遊んでいる姿をとりあげると、「こんなふうに笑っているときもあるんですね」「今、こんなことに夢中なんですね」「そういえば家でも…」と、楽しい話が始まるきっかけになります。遊びの様子を伝え、その子のやりたい気持ちや喜びを保護者と共有することで、保護者とのより良い信頼関係が築かれていきます。　　　　　　　　　　　　　　　　　　　　　　　❀

2歳児の 遊びと生活

1 子どもの目の つけどころ

子どもたちと物とのかかわりを見ていると、大人には想像もつかないことをしていて、驚かされます。どうしてこんなふうにしたのかなと思いつつも、子どもたちがやっていることを受け止めると、そこから遊びが広がることがあります。

ままごとコーナーにある「おにぎりの海苔」（黒い面テープを短く切り、その両端にマジックテープをつけたもの）を、戸棚の扉の隙間に入れていました。何をしようとしていたのかな？謎の光景です。

場や物で遊ぶ子どもたちによる「予想外」な遊び

人形を椅子に座らせて、ベビーカーのように押しています。4人も一緒に！満員です。

1人でひっそりと…坂道のようにして、自分の足の上に電車を走らせていました。

子どもたちは面白いことに敏感！黒いテープが上から下がっているのが面白くて集まってきました。

ごちそうをきれいに並べていました。そのごちそうは、なんと「パズル」です！

援助のワンポイント

★ 場や物に自由にかかわる動きを支える

子どもたちは、物をいろいろ組み合わせたり見立てたりして遊びます。

思いもかけない物の使い方や場の見立てに子どもの目のつけどころがあります。大切にしていきましょう。

★ 子どもの思いやイメージを受け止め認める

子どもって面白い！感心することばかりです。たくさん認めていきます。

場合によっては受け入れにくいことをしはじめることも。そのような時にも「〇〇がしたいのね」と、受け止めることを忘れないようにします。

ブロックで電車を作りました。椅子をトンネルに見立てて、くぐらせています。

② 布遊び

2歳児にとって、布は特別なものです。身に着けることで別の自分になれるのは魅力的です。
布と触れ布で遊ぶことを通して生活の中で必要な包む・たたむことが、遊びの中でも経験できます。
多様な素材や、いろいろな大きさの布を使って、豊かな遊びが展開されます。

大きなシフォンの布を使い、保育者とわらべうたに合わせて遊んだ経験から、子どもたちだけで遊んでいました。柔らかい布は、上下に動かすと膨らみをもって揺れます。

スカートと傘です。ゆっくりと歩いていました。

保育者がゆらす布の動きを楽しみます。

結んで！と保育者にリクエスト。結ぶ位置が違うと「違うの、ここ！」とこだわりがあるようです。

今度は子ども同士で遊び始めました。

環境構成のワンポイント

● 布を使うと、生活を再現する遊びを楽しめます。多様なサイズ・素材のものをそろえます。

Memo

✓ 布はさまざまな遊びに使えますが、長すぎると、足にからみついて転んでしまうこともあり、注意が必要です。首に結ぶときはゆるくして、すぐ解けるように結びます。

3

お手玉

見立てて遊んだり、イメージをふくらませて遊んだり、2歳児の発想は保育者の想像を超えていきます。
ままごとコーナーの食材として見立てて遊ぶのではと思って用意したお手玉ですが、子どもたちはお手玉を通して人や物と対話しているようです。

春が近くなった3月、2人でお手玉の上におもちゃを乗せて並べて「お花がさいたね」とおしゃべりを楽しんでいます。

線路と組み合わせて「石なの」と言います。

お手玉がおにぎりに。のり用にと用意した黒テープ
（14頁）ではなく、カラフルな布（31頁）をのりに
していました。

積み木と容器、お手玉を組み合わせて、お
鍋の完成です。家庭の生活が再現され、豊
かな遊びになっています。

Memo

✓ 料理の具材にもなり、積み木のように
も遊べるお手玉。他のものとのさまざ
まな組み合わせが可能です。

✓ わらべうたに合わせて、上に投げたり
取ったりするのも楽しいです。

環境構成のワンポイント

★ 簡単お手玉の作り方

● 俵型がおすすめ
俵型が使いやすく、作り方
も簡単です。見立てる遊び
を考えると、やさしい色合
いの綿生地で作るといいで
しょう。

● 定期的に洗って清潔に
乳児クラスで使う場合は、舐
めることが予想されます。定
期的に洗うことが必要になる
ので、お手玉の中身は、「ペ
レット」など洗うことができ
るものにするといいですね。

粘土・砂

粘土や砂など、可塑性のある素材で遊ぶことは、子どもたちの「感じる」を耕すことにつながります。指先を使い、じっくりゆっくりかかわる中で、形が変わることに気づいていきます。「やりたい」という気持ちを受け止めて、心ゆくまで取り組めるように、遊びのコーナーとして位置づけていきます。

保育者と話しながら「ママ作って！」「パパ作って」と言い、保育者がそのたびに顔を作りながらママになって、応答的に遊ぶことを繰り返し楽しんでいましたが、この日は違いました。
自分で顔を作り「髪の毛ながいの」と、両手を使って髪を作っていました。

「髪の毛ながいの」と言いながら、遊んでいたらこのとおり！こんなに長くなりました。両手でこすり合わせるように細く、長くつなげて髪の毛を作っています。時間をかけて、じっくり遊んでいます。

次の日、「（テレビドラマの主人公）ラプンチェル描く」と言って、園庭に描きはじめました。髪の長いお母さんのイメージを重ねているように見えます。

環境構成のワンポイント

★粘土

軟らかいタイプの粘土を使っています。触っていくうちにだんだん軟らかくなり、形が作りやすいです。食べ物を作ったという時は、紙皿の上に並べて飾ります。粘土は白色です。色がないことで何にでも見立てられるよさがあります。

★園庭に絵を描く

指で描く、小枝で描く、シャベルで描く。描いては消す。砂に描くってとても自由です。

Memo

☑ 粘土遊びは子どもたちと会話をしながら楽しみましょう。
集中して作り続けている時は、自分の世界で遊んでいます。そっと見守りましょう。

5

絵本大好き！

子どもたちは絵本が大好き。保育室や園内の落ち着ける場所に、絵本棚を置いたり絵本コーナーを設置することは、とても大切です。

子どもたち一人ひとりが自分のタイミングで絵本と出会い、絵本と遊び、絵本と仲良くなれるようにと願います。

保育室の絵本コーナーのまわりには、絵本を開く子どもたちの姿が多く見られます。開いたり、閉じたり、持って歩いたり。「絵本を持っている」ということは、特別な意味があるのでしょう。

お家ごっこの中にも絵本が登場。まるく集まってうれしそう！

絵本を手に持つこと、絵本を開くことが好きな子どもたち

絵本を見ている子どもたちの顔。一人ひとり、感じていることもみんな違います。

廊下にも本棚を設置。子ども同士、保護者と子どもが手に取っています。

絵本コーナー　環境構成のワンポイント

★ 絵本選び

● 話の内容

・簡単なストーリー
・子どもの興味・関心があるもの
・生活に根ざした内容
・電車・動物・食べ物
・子どもが好きな乗り物
・季節や行事の絵本

● 体裁
子どもたちが自分でページを開いて見て楽しみます。あまり大きすぎず、丈夫なつくりのものが適しています。

★ 絵本の出し方・置き方

● 表紙が見えるように置きます。

● ボロボロになる絵本は、子どもたちのお気に入りです。何が気に入っているのかをとらえて、一緒に楽しみ、ちょうどよい時に新しいものととりかえましょう。

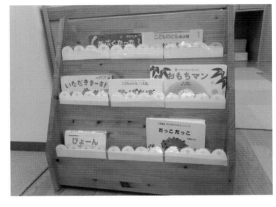

クラスにある本棚は、表紙が一目でわかるように立てかけています。

1

もっと長く もっと高く

子どもが熱中しているとき、何を楽しんでいるのか、何に夢中になっているのか、これから何をしようとしているのかをとらえるために、まずは少し離れたところから見るようにします。

そこには、子どもがじっくり遊んでいる時間と環境を保障したいという思いがあります。

集中して遊べるように、周りの友だちの動きをさりげなく調整することもあります。「もっと、もっと」を大事にします。

チェーンリングをごちそうのようにしてお茶碗に入れて遊ぶことはよくありましたが、この日はていねいに長く伸ばして床に置き、また一本、また一本とつなげて並べていました。
気がついたらこんなにたくさん！

壊れないように、そっとそっと。息を合わせています。

保育者と一緒に積み木を高く積みます。慎重に慎重に！
高くなった！と歓声が上がります。

環境構成のワンポイント

★ 遊びの活動場所

● 人数で遊ぶ時間や場所を確保

・室内、廊下、園庭等、活動場所を分けると、必要
　以上に物や場所の取り合いが起こらなくなります。

・自分のやりたいことにじっくり取り組む姿が増
　えます。

★ おもちゃの種類や量

● 子どもの姿を見て調整する

・あれもこれもと気になり、遊べない姿が減少し
　ます。

・それぞれのおもちゃでじっくり遊ぶ姿が増えます。

● 丈夫で多様に見立てられる物を重視

・多様な試しや気づきが生まれます。

「もっとながくしたかった〜」と大泣き。友だちも長くつな
げていたので、ブロックはもうありません。保育者がその気
持ちを受け止め、話を聞いているうちに落ち着いてきて、
もっとないかな…と探しに行きました。

Memo

✓ 身近なものにかかわり、さまざまに感じ取るこ
　とは、思考力の芽生えを培うことにつながりま
　す。

✓ 落ち着いた空間と時間、自由にかかわれる物の
　存在が大切です。

2

ぬいぐるみ と一緒

子どもたちにとって大切な仲間であるぬいぐるみ。保育空間になくてはならない存在です。
なでたり、おぶったり、やさしく世話をしたり、一緒に寝たり…子どもたちは、いとおしそうにぬいぐるみとかかわります。
このような姿は、環境や保育者のかかわりがあって生まれます。

ぬいぐるみを「くまちゃんのベッド」に入れて、布団をかけて…、自分も赤ちゃんになりきって、くまちゃんと同じように枕を敷いて、お布団をかけて…。
お家でしてもらっていることを再現しているようで、温かい雰囲気が流れています。

「くまちゃんが入りたいって！」と言って、ぬいぐるみのサイズに合わせて、ブロックで作ります。最後にタイヤをつけて、ベビーカーのようでした。

ぬいぐるみと友だちを同じように寝かせて、トントン。いろいろな人がやってきて、布団をかけたり、トントンしたり、歌を歌ったり…保育者のまねをしているかのようです。

タオルを敷いて、その上にぬいぐるみを寝かせて、膝にはままごと用のスポンジを乗せています。どうやら絆創膏（ばんそうこう）のようです。「いたかったね、もうこれで大丈夫だからね」とやさしく言葉をかけています。

くまさんたちのお家のところで遊んでいます。

環境構成のワンポイント

棚の裏にぬいぐるみたちの家を取り付けられるように作りました。家に見立てられるように屋根を付けたり、スナップボタンを付けて狭めたり広げたりできるようにしました。

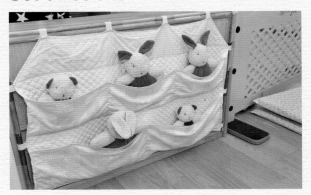

Memo

✓ ぬいぐるみの片づけ方を工夫します。ぬいぐるみは赤ちゃんの役割をしています。重ねて片づけない、一体ずつ大切に家やベッドを作って、同じ場所に置きます。

✓ 床に置いたまま、他の遊びをしている時に、保育者がぬいぐるみの家に戻します。保育者が大切に扱うと、子どもたちも真似をするでしょう。

3

物と物を組み合わせる

子どもたちは、積み木やブロック、ぬいぐるみ、ままごと玩具など、さまざまなものを自ら選び組み合わせながら遊びます。その組み合わせから生まれるイメージの世界はとても豊かです。
子どもたちがいつでも取り出せるようにしているおもちゃ棚。「○○があればできる！」と子どもたちがひらめくきっかけになっています。

線路と四角い積み木を組み合わせて高架やトンネルを作っています。赤い塔は東京タワー、青と緑の塔はスカイツリーと周りの建造物を配置したり、豊かな発想で自分のイメージするものを作り上げていきます。
友だちと一緒に作り上げていく中で、壊れてしまうこともありますが、「また作れるからいいよね〜」と言って、作りかえていくことを楽しんでいます。

ぬいぐるみが入れる家をブロックで作ってお世話をしています。
「こんなものが入るようなものを作りたい」と、自分たちなりのイメージを保育者に伝え、試行錯誤しながら作っています。

園庭と室内で半分の人数に分かれて過ごすことで、スペースをたくさん使って遊ぶことができます。自分のイメージを存分に表現できる空間が保障されることが大切です。

ブロックとままごとの果物などを組み合わせて走らせます。「くだものれっしゃとおります〜」

高いところを走らせたい！と思った子どもたち。牛乳パックの積み木だけでなく、お皿とブロックも重ねています。

環境構成のワンポイント

多様なものを適量置きます。

Memo

✓ 一緒に組み合わせて使うかもしれないものを隣に合わせておもちゃ棚に配置していますが、遠い場所から引っ張り出して組み合わせることもあります。

✓ いろいろな場所でいろいろなおもちゃを使うところに子どもの発達があるととらえて尊重する保育者の視点が大切です。

✓ 子どもたちが自分で選んで遊び出せる環境を大切にします。

4

なりきる、見立てる

友だちとはかかわりたいけれど、思いがぶつかり合ったりすれ違ったりすることも多い2歳児。そんな中、子ども同士が同じ楽しさを味わう経験が大切だと感じています。

子どもたちの楽しい気持ちに保育者も共感しながら、時には一緒になって楽しむことを心がけています。

友だちと楽しさを共有できた喜びを、保育者が丁寧に受け止めることで、子どもと保育者の関係も深まります。

2人で同じおもちゃを抱えながら、友だちのところにやってきました。ままごとをしている友だちには「ごはん食べたいな〜」、ぬいぐるみを寝かせている友だちには「赤ちゃん、起きて〜」と声をかけます。言葉も気持ちも一緒だったことがうれしい2人でした。

ブロックと鍋を組み合わせて、「みんな〜今日はすき焼きだよ〜」"なになに？"と子どもたちが集まってきていました。

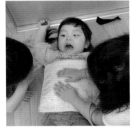

歯科検診が終わると、子どもたちはこぞって、小さなブロック積み木を持って、歯医者さんになりきっています。

エプロンと三角巾を身に着けて、おままごと。友だちと一緒だと楽しさが増すようです。

ボタンが付いているひもを長くつなぎあわせ、電車にしています。周りの子が、「カンカンカン」と踏切になってくれたり、「のせてくださーい」と乗車人数が増えたりして、楽しんでいます。

おんぶひもでぬいぐるみを抱っこ。

環境構成のワンポイント

おんぶひも

手提げバッグ

ままごと道具

つながるひも

ボタンでつないで遊べます。

Memo

✓ 感じたままに何にでもなれて、それを楽しみあえる子どもたちです。2歳児のなりきる姿を大切にしていきましょう。

✓ 保育者は一番の環境です。ゆったり、丁寧に生活を支えられるよう心がけます。

1

いいもの
みーつけた！

本園の園庭は決して広くはありません。限られたスペースの園庭で、どのような遊びをしたらいいのかと保育者たちは迷っていましたが、子どもたちは楽しいことを見つけ出す名人です。園庭にある物を動かしたり組み合わせたりして、遊びを作り出しています。それが、とても楽しそうで、この園庭が大好きになりました。

たらいに2人が入ると少しせまいですが、それも楽しいようです。身体が重なっても「ちょっとつめて！」「ごはん食べる」とままごと遊びになりました。たらいのお家は園庭のあちこちに移動します。

暑くなった頃、たらいの数が増えました。一人ひとりの家ができて、ご近所同士でおしゃべりをしています。

2人でケースを運んで、アイスクリーム屋さんが始まりました。

ケース大小を並べて車に変身！運転手はご機嫌です。

子どもたちがケース、板、箱を運び、保育者と一緒に組み合わせました。

環境構成のワンポイント

★ **安全点検を忘れずに**
遊びの中で活躍するものは、少しずつ劣化していきます。遊び出す前に安全点検をしましょう。

★ **不用品から遊びが生まれる**
古タイヤも遊び道具としてすぐれています。地域によって手に入るものがあるでしょう。日頃から情報を集めておくといいです。

Memo

✓ 子どもたちが自由に組み合わせて遊べるものは、「いつもある」ことが大切です。今日だけ出すのでは、遊びの展開がありません。毎日遊ぶからこそ気づき、学びがあります。

2

入っちゃった！

友だちと同じ動きを楽しむ姿が多く見られるようになりました。散歩に行ってもくぼみの中や茂みの中に入り込んだり、同じように土をいじったり。保育室の一角に段ボールを立てて、子どもたちが入り込める場所を作ったところ、大人気の居場所になりました。

段ボールを立てて置いたところ、お家のようになりました。ふかふかクッションを中に置くと、さらに居心地がよくなり、一人また一人と入ってきて…ほら、このとおり。

保育室の中にあるちょっとしたくぼみは、子どもたちのお気に入り。中に入り込み、車ごっこをしています。

築山の小さなくぼみ。みんなで腰かけてお風呂に。「あったかいねえ〜」

ブロック入れの箱。身体をすっぽり入れて「（ぼく）いないよ〜」とかくれんぼ。友だちに押してもらうと乗り物に変身！

環境構成のワンポイント

★ 段ボールで入り込むものを作る時の注意と作り方

その時の子どもの遊びを考えて、段ボールのサイズを選びます。子どもたちが中に入っても壊れない程度の強度が必要です。あえて色はつけず、段ボールの地の色のままにします。子どもたちが自由な発想をもてるようにしましょう。

ふかふかクッションの作り方

キルティングでカバーを作り、中に布団のクッションを入れました。カバーにはジッパーを付けて、取り外しできるようにしています。

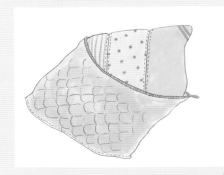

Memo

✓ 子どもたちが入りたくなる場所・空間を、保育室の中に作ります。成長に合わせて、空間の大きさを調整します。

✓ 子どもは、落ち着ける場所を見つける名人。子どもが見つけた「入り込む場所」を大事にします。

③ 集まってきたよ！

人やもの、場の環境にかかわって動き出し、遊び
を作り出していく子どもたち。
生活を再現する遊びでは楽しさが重なり、次々と
友だちが集まってきます。
自分の意思で集まってくる場なので、子ども同士
が出会える場、自己選択ができる場になるように
したいですね。

せまい段ボール箱の中に牛乳パックの椅子を入れて、お出かけごっこが始まりました。段ボール箱が
２つあったのでつないで、電車ごっこになりました。ぎゅうぎゅうな感じを楽しんでいます。

会社行くとこ！
同じイメージで遊ぶ

狭い空間での遊びは、いつも見ているお父さんたちの日常の姿でした。「会社に行くの」と言って、バッグの中におもちゃを入れ、ぬいぐるみを抱いています。

「会社に行く」と出かけた場所は、大きなクッションがある絵本のコーナーでした。電車のつもりです。

パーティごっこ。
子ども同士の
思いがぶつかることも

パーティが始まりました。少しすると「これ貸して」「ダメ」と言い合いが始まりました。友だちの怒った表情を見て気持ちを察したのか「うーん、これならいいよ」と渡しています。

Memo

✓ 自分と友だちの思いの違いに葛藤する2歳児。保育者の支えで相手の気持ちが少しずつ理解できるようになり、ごっこ遊びが楽しめるようになります。

✓ 保育者が子ども一人ひとりの思いを丁寧に受け止めていくと、「これならいいよ」「いっぱい使ったからいいよ」そんな言葉が聞かれます。

①

色・動き・形

子どもたちは、「表す」ことが大好きです。クレヨンでグルグル！と遊んだり、絵具で色を塗ったり、粘土遊びも大好きです。多様で良質な素材に触れながら、五感を使ってさまざまに感じとっています。

のびのびかかわり、身体で感じとる環境を用意していきます。

大きな和紙に色をつけて遊びました。最初にクレヨンでグルグル散歩。次に、スポンジでポンポンと色をつけました。色は食紅を使うと、透明感のある色に染まっていきました。

描いたり・作ったり表現する楽しさを味わう子どもたち

絵具で遊びました。筆を使うことにも慣れてきて、のびのびと色を塗るうちに、手にも塗ってペタペタ！色を混ぜたり筆を両手に持ったりと楽しんでいます。

援助のワンポイント

● のびのびと体全体で表現できるように

・床やテラスなど、座り込んだり動いたりできる場所だと、楽しさがひろがります。

・「フワフワ」「ぬるぬる」「ぐるぐる」「うわぁ」など、自然と声が出てきます。保育者も子どもたちの気持ちになって楽しみます。

● やりたい！気持ちで取り組めるように

・「やってみようかな」と思うタイミングはそれぞれ違います。子どもたちの気持ちが動く時を待ちます。

・楽しみ出したらとことん！という動きは大歓迎。満足できるまで取り組めるように支えます。

環境構成のワンポイント

お花紙に水を垂らして手で触れたり、握ったり、そのうちに色が混ざり合って変化してきます。ぎゅっとすると、薄紙は形になりました。

紙皿に置くだけで「きれい」「おいしそう」と言いながら、作品になりました。

作品を天井から吊るしました。そのままでもきれいですが、電気をつけると幻想的です。子どもたちは天井を見上げたり、廊下に寝転んで見ていました。

２

あったかいね

子どもたちの生活は季節とともにあります。寒い季節に、屋外でいっぱい遊んでふと気づいたら、手が冷たい！夢中で遊んでいたときには気づかなかった手のかじかみです。
下の写真は、靴や靴下を脱ぐ時に指先が強ばっているのを見て、それなら！と保育者がお湯の入った洗面器を持ってきた場面です。「あったかい」がうれしい子どもたちです。

冬は外遊びの後、手が冷たくなってきます。保育室に入る前に、テラスにお湯の入った洗面器を置いておくと、お湯に手をつけて温めています。「あったか〜い」と笑顔がこぼれます。友だちの姿を見て、次々に人が集まってきます。寒いからこそ、温かいがうれしい。冬ならではのシーンです。

秋、たくさんの葉っぱが落ちているのを見つけました。子どもたちはうれしくて、葉っぱを集めたり降らせたり…そのうち、1人が寝転ぶと、葉っぱを乗せて「おふとん」にしていました。「あったかい」気持ちになった場面です。

園庭で手を洗ったあと、急いでテラスへ向かった子どもたち。「みてみて！スタンプ」とうれしそうに、何度も濡れた手をテラスに当てていました。

冬になって、マラソンごっこを楽しみました。走り終ると、「あったかくなった！」

広場にあるステージに陽だまりを感じて、「ここはベッド！」。やさしい温かさを感じています。

環境構成のワンポイント

★感じることを大切に

・寒い日は暖かな日だまりを探してみましょう。暑い日は、日陰を探します。そこで何かを感じるはずです。感じたことを言葉で伝えあいます。

・日が当たっている場所を触ると「あったかい！」という気づきがあります。暖かい場所探しも面白いです。

Memo

✓ 日本には四季の変化があります。季節を味わう生活を大切にしたいものです。

✓ 部屋の中にも冬の日が差し込んでいます。温度差を発見できるチャンスがあります。

①

虫みつけた！

屋外で出会う子どもたちが大好きなもの、それは虫です。暖かい季節になると、外へ出る前から、「今日はテントウムシを探す！」「バッタ捕まえたい！」と張り切っています。

身近な虫の存在はとても大きく、屋外遊びでの楽しみになっています。

広場の小屋の中で、小さな虫を見つけました。触るでもなく、捕まえるでもなく、みんなでそっと見ています。虫が一瞬はばたくと、子どもたちから歓声が上がります。

自分の腕の上に虫を這わせて、その様子を食い入るように見つめます。

「虫いないかな」草むらに顔を近づけて、探します。

「ありさん、どこいくの？」「ぼくと一緒に遊びたいの？」「お腹すいてる？」 アリに話しかけています。

環境構成のワンポイント

★ 子どもたちが仲良くなれる虫
● ダンゴムシ・アリ・テントウムシ・バッタ・セミ

＊ダンゴムシは子どもたちが手に持ってもつぶれたりしないので、かかわりやすいです。

★ 持っていくといい物
● 散歩バッグ

＊牛乳パックにひもをつけて、肩からかけています。
＊見つけた実や花、ダンゴムシなどを入れます。

ダンゴ虫がよくいる場所を子どもたちはよく知っています。「石の下にかくれてるんだよ」「これはダンゴムシの木だよ」と教え合っています。

Memo

✓ 子どもたちはそれぞれに虫とかかわります。見るだけ、やさしく手にのせる、捕まえようと追いかけるなど、それぞれのアプローチを大切にします。

✓ じっと見る、かわいいねと言う、そっと触るなど、虫に対する保育者のかかわりがモデルになります。

2

触れて、感じる

草むらがあって、そこに入り込むことができれば、子どもたちはさまざまな発見をすることでしょう。

草の柔らかさや冷たさ、吹く風がそよぐ音、小さな生き物との出会いなど。ドキドキしたりホッとしたり、さまざまな感情を味わいます。

初めての場所も、保育者や友だちと一緒ならば大丈夫。そうやって少しずつ地図を広げていく子どもたちです。

草むらの中に入り込んだ子どもたち。同じことをしているように見えて、それぞれ違います。虫を捕まえている、草のにおいをかいでいる、感触を確かめている…触れて、感じる子どもたちです。

春の草花に興味津々

秋。枯れ枝や落ち葉を拾ってきて遊び出しています。いくらでも落ちているので、楽しくてたまりません。

草むらの中に入り始めたころの姿。保育者の後ろについて恐る恐るです。

雨が上がって水たまりができた！魚がいるかな？とのぞいています。

環境構成のワンポイント

★ 子どもたちが身体を動かしたくなる環境

山・坂道・広い草むら・よじ登れる木・つたって渡れる場所など変化に富んだ場所

Memo

✓ 小さな石や草に手を伸ばすところから、遊びが始まります。初めの一歩は、子どもです。

✓ 雨上がりの水たまりのように、自然の変化が新しい出会いを連れてきます。保育者も驚きの気持ちをもって！

③ 見つける・集める

屋外で過ごす子どもたちは、さまざまな物を見つけます。手に取ることができれば、そこでいろいろなことを感じる子どもたちです。小さな石を手にして手放そうとしない子どもがいます。きっと心にピタッときたのでしょう。

気に入ったものを手にして、もっともっとと集めたり遊んだりします。大切にしたい動きです。

大きな石と小さな石がある場所で遊んでいた時のこと。大きな石の上に、小さな石や葉っぱを並べ始めました。こうしたい、と言葉に出しているわけではないけれど、思いがあって並べているんだな、ということが感じられます。

これ何だ？不思議な物を見つけました！
何？と友だちも寄ってきました。

同じ形の石を集めてきました。ベンチの溝にぴったりはまったのが面白くて、また拾って置いてを繰り返すうちに、こんなになりました。

夏。プール遊びをしていたら、急に雨が降ってきました。テラスから降ってくる雨だれを、夢中になって集めています。

環境構成のワンポイント

★ 子どもがこんなものを見つけたら…

● 木の枝

子どもは棒が大好きです。振り回すと危険があるので、長さや遊び方に配慮した上で、持っていたい気持ちが満足できるように援助します。

● 虫の死骸

ひからびたミミズ、死んでしまったセミなど、これは何！と思う物を見つけて、子どもたちは立ちつくします。不思議なものに出会ったその時が、自然を観察するチャンスです。何だろうね？と保育者もゆっくり見たり、感じたことを話したりします。

★ あるといいもの

● チャック付きの小ビニール袋

セミの羽、抜け殻など、小さな宝物を入れて持ち帰ることができます。

マンホールはみんなのお気に入り。集めてきた石や葉っぱを載せて、バーベキューです。

Memo

✓ ずっと握りしめている物は、その子どもの宝物です。「いいね」と共感しましょう。きっとうれしく感じるはずです。

✓ 保育者も、自分のお気に入りを見つける気持ちで過ごしてみると、子どもの気持ちが見えてくるはずです。

1

たのしく食べて気持ちよく眠る

園生活において、食事と午睡は大事な時間です。
それぞれの生活リズムに合わせて、食事の時間を
2グループに分けたり、食後すぐに眠くならない
子どもには、絵本を読んで過ごせるスペースを
作ったりと、いろいろに工夫して、心地よい眠り
ができるように心がけています。
自分の眠りたいタイミング、一緒に眠りたい人や
物、落ち着く環境等、それぞれに合った配慮をし
ています。

散歩から帰ってくる時、口々に「今日の給食は何かな?」と楽しみにしています。「にんじんなら食
べられるよ」とサラダの中からにんじんだけをつまんで食べたり、「きゅうり食べたらカッパになっ
ちゃう!」とおどけた顔を見せたり、友だち同士で会話を楽しみながら、給食を食べています。
食事グループを2つに分けて、時間差をつけて5〜6人ずつのグループで落ち着いて食べられるよう
にしています。

全員が食べ終わる頃には、すでに隣の部屋で眠っている子どもがいます。後ろのスペースでは、まだ眠くない子どもが絵本を見ています。

保育者や友だちとおしゃべりをしながら食事をするのは楽しいです。それほど賑やかにならないのは5〜6人の少人数だからです。

自分のペースで眠ることを大切にしています。眠るスペースの隣の部屋で絵本を読んだり、低いついたてを立てて眠れるようにしたり、絵本を見られるようにしたり…。

眠くない子どもは、絵本を見たりゆったりと過ごしています。

環境構成のワンポイント

● 5〜6人でゆったりとした食事を心がけています。

● 遊びの場が、時間帯で眠る場に変わります。ロールカーテンを下ろし、おもちゃの棚に布をかけて雰囲気づくりをします。

Memo

✓ 食事の好みは人それぞれです。食べたい気持ちと食べられない気持ち、どちらも受け止めて保育者はかかわります。

2

自分で！

身のまわりのことをやってみようとする気持ちのあり方には、個人差があります。個人差に応じたきめ細やかな援助が大切になります。

保育者は急かしたり促したりすることがないようにし、ゆるやかな時間の流れを大事にします。

個々のペースを大事にするには、子どもの動線に配慮し、自分で取り組みやすい環境や物のあり方を工夫します。

散歩に出かけるよ、と声をかけると「じぶんで」と言って靴下を履こうとしています。真剣な表情です。

テラスへ出ると、すぐに下駄箱があり、広いスペースで靴を履きます。目の前に広がる園庭で「早く遊びたい！」という気持ちが、靴を履こうとする意欲にもつながっているように感じます。

散歩や園庭での遊びを終えて室内に入ると、ベンチの場所に来るようになってきました。
そこでほっと一息ついてから、着替えをしたり、トイレに行ったり、この生活の流れが心地よいです。

自分の引き出しの中から、着たい服を自分で選びます。「これが着たい！」という子どもの気持ちを受け止めていきます。

環境構成のワンポイント

★ ロッカー

一人ひとつカゴと引き出しがあります。
カゴの手前にはおむつやパンツを入れ、子どもたちが出し入れしやすいようにしています。子どもたちが着替えを自分で選べるように、着替えを2セット入れています。

★ 帽子入れ・靴下入れ

自分の帽子を自分で取ったりしまったりできるようにします。

Memo

✓ 毎日過ごす中で、「この次はこれ」「ここでは○○」と記憶していきます。その際、その動きが自然の流れに沿っていると動きやすく、定着しやすいです。動線に配慮し、子どもが見通しをもてるようにしましょう。

✓ 保育者は一番の環境。ゆったりていねいに生活を支えましょう。

✓ 衣服を着脱するスペースは物を減らし、広いスペースで子どもたちがゆったりとした気持ちでできるようにしています。

3

料理の手伝い

園で生活することに慣れてきた子どもたちは、いろいろなことをやりたがります。料理の手伝いは子どもたちが大好きなことです。
給食で使う枝豆を枝からちぎり取ったり、トウモロコシの皮むきをしたり、「やってみる？」と投げかけると、すごい集中力で取り組みます。

給食のメニューに枝豆がある日には、子どもたちに枝豆をちぎって取ってもらいます。ひっぱったり、ねじったり、どうしたらとれるかなと工夫しています。

トウモロコシの皮むきに挑戦！

皮がついたままのトウモロコシが子どもたちの目の前に。上から触ったり、何とかむこうとしたり。

「あ！むけてきた！」いろいろやっているうちに、皮がむけてきました。

栄養士も子どもたちの隣に座って、むき方の見本をみせたりコツを伝えたりします。

皮がむけたらおいしそうで、食べたくなっちゃいます！

園内で栽培しているキュウリや収穫した柿を子どもたちの目の前で切る

環境構成のワンポイント

⭐ **準備**

●落ち着いて取り組めるように、机・椅子・新聞紙などで場を用意します。

⭐ **援助のポイント**

●実際に手を触れて行うからこそ感じる「におい」「感触」を大切にします。

●子どもたちはゆっくり、じっくりかかわることで、さらに感じ取ります。急かさないようにします。

●自分の手伝ったものが給食で提供されることで、喜びが増します。

●場を清潔に保ち、子どもたちの手洗いも十分に行います。

3歳児の遊びと生活

安心できる場所

1

2歳児クラスから進級した子どもたちと、新しく入園した子どもたちが出会う3歳児クラスでは、安心できる場所を設定しておくことが大切です。
お気に入りの場所や遊びが見つかるように、4月から5月に保育室の環境はあまり変えないようにします。
保育者もゆったりした気持ちで過ごすことで、安心できる雰囲気ができあがります。

保育室のままごとコーナーのそばに、ベンチを置きました。壁についた位置にあるので、のんびりと座っている姿をよく見かけます。2人の子どもがベンチに座っていると、もう1人椅子を持ってやってきました。ベンチとままごとコーナーの間に椅子を置き、そこにあったザルを手にしたら、気分は運転手！
ベンチに座っていた子どもたちも、運転手のほうを向いて座り直して、乗り物ごっこの始まりです。

絵本棚の前や積み木の場所まで、それぞれ自分の居場所を見つけて遊ぶことを大切にします。

簡単に持ち運びができるソファーマット。夕方の時間、ごろんと横になってくつろいでいます。三つ折りにたたんで背もたれをはめると、ソファにもなります。

環境構成のワンポイント

保育室の中にこんな場があれば…

① 出会いの場
保護者はここまで送ってくる。ロッカーに自分の物を入れる。掲示板にはお知らせを掲示する。

② 生き物の場
ドジョウや小さな魚を飼い、見て楽しめる環境にする。

③ 組み立てて遊ぶ場
ブロックや電車のおもちゃを置く。動きを見て場を調節する。

④ ままごとの場
食器や食材（チェーンリング、お手玉、スポンジなど）、手提げ袋、エプロンなどを置く。

⑤ 製作する場
絵を描いたり、描いたものを切ったりする。4月は、紙とクレヨンのみとし、だんだん増やしていく。

みんなでボール遊び。相手の名前を呼びながら、ボールを転がしています。自分のところに来るとうれしそう！

Memo

✓ 4月は、それぞれの心もちを受け止め、楽しく過ごせるようなコーナー設定が必要です。

✓ 名前を呼び合いながらボールを投げ合うなど、ボール遊びはコミュニケーションの第一歩。保育者と子ども、子ども同士の関係づくりにおすすめです。

②

ままごと

保育室には、製作コーナーや絵本コーナー、ブロック遊びの場などのコーナーがあります。ままごとコーナーもその一つです。

家のイメージで遊べる道具がそろっているままごとコーナーでは、1人で遊ぶのも楽しく、友だちや保育者と一緒に遊ぶのも楽しい、その時々で作り出す世界を味わいながら遊べます。

キッチンに向かって料理に励む人、「今、カレー作ってるの」と鍋をかき混ぜる人、テーブルにご馳走を並べて食べる時を今か今かと待ちわびている人……それぞれが自分のやりたいことをしながらも、3人がテーブルに集まると「さ！パーティ始めよう！」とみんなの気持ちが一つになります。

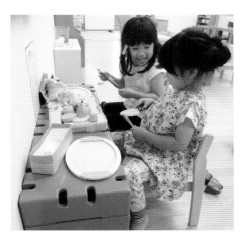

ままごと道具を運び出し、自分たちで好きな場所を見つけて遊びます。

机の上にソフト積み木を敷きつめ、その上に食べ物に見立てたものをたくさん並べてバーベキューごっこ。一つひとつトングでつかんでお皿に載せています。

みんなでテーブルを囲んでパーティの始まり。テーブルの上にはままごと遊具の他に色とりどりの積み木やブロックが並んでいます。子どもたちのイメージ次第で、何でも素敵な料理に大変身！

シンデレラになりきっています。夕方（教育時間後）は子どもたちも少なく、ゆったりと遊んでいます。

環境構成のワンポイント

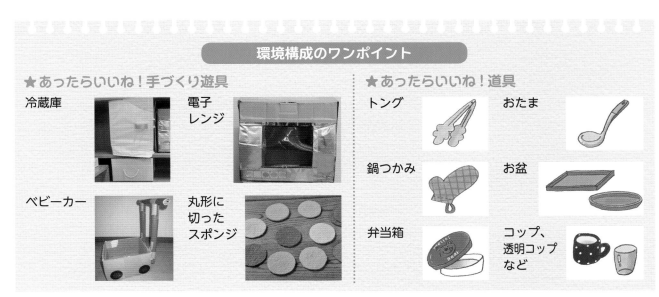

★あったらいいね！手づくり遊具

冷蔵庫

電子レンジ

ベビーカー

丸形に切ったスポンジ

★あったらいいね！道具

トング

おたま

鍋つかみ

お盆

弁当箱

コップ、透明コップなど

1

段ボール
大活躍！

3歳児クラスの生活が安定し、それぞれが楽しく遊び始めるようになったころ、楽しさがひろがるきっかけとして段ボールを登場させました。
段ボール箱を開いて長細くして、縁取りをしたり紙を貼ったりして頑丈にしておくだけで、いろいろな遊びに登場するようになります。持ち運びも楽々で、子どもたちにも扱いやすいです。

細長い段ボールの仕切りで前を囲むと、あっという間に運転席の出来上がり！運転手さんの「バスが発車します」の声を聞いて、「待ってー！乗りまーす！」と言いながら、子どもたちが椅子を持って集まって来て、バスごっこが始まりました。「発車します」「着きました」「どこ行きますか？」そんなやりとりを楽しみながら、バスに乗ったり降りたりを繰り返していました。

「ブッブー、電車が通ります」

段ボールをお店屋さんのカウンターの仕切りにしています。バッグを下げたお客さん（手前）がやってくると、お店屋さん（奥）が「はい、どうぞ」と、おいしそうなご飯を差し出します。

「今ね、ピクニックしてるの」
段ボールをシートに見立てて座り、ピクニック気分です。

環境構成のワンポイント

段ボール板作成のポイント

・柄を付けない。子どもの表現次第で何にでもなるようなシンプルな物にする。
・ブックカバー等でコーティングしておくと壊れにくく頑丈。質感も良い。
＊固定したいときは足を使用する（牛乳パックで作った土台）。

Memo

✓ ちょっとしたアイテムがあるだけで、いつもの遊びがより楽しくなります。

✓ 最初は、保育者が一緒に遊ぶ中で使い方を伝えていきます。その後は、子どもの見立てや発想を大事にしていきます。

2

電車、出発！

子どもたちは、乗り物ごっこが大好きです。椅子を並べて乗り物ごっこを楽しんでいた子どもたちの様子をみて、保育者が写真のような電車を作りました。子どもたちの「動きたい」という気持ちに応えたのです。

子どもたちがいろいろな楽しみ方を繰り広げられるように、丈夫に作りました。

新しい物が登場し、遊びが広がっていきました。

「新幹線、早いよ！」テラスに出て思いきり走ります。いろいろな新幹線が登場して楽しくなりました。

2人で乗ると歩調を合わせる必要があります。1人で乗っていた時よりも慎重な表情です。2台の電車が出会って、上手にすれ違います。

ただいま安全運転中。

椅子や段ボールの電車、囲いを組み合わせて遊びます。楽しさが広がります。

たくさん遊んだ後に「車庫に入れまーす」。そう言って子どもたちがしまったのが、この場所。机の下のスペースがちょうどぴったりの大きさで、車庫になりました。このような場が見つかると、片づけはとても楽しくなります。

環境構成のワンポイント

段ボール電車の作り方

● 子どもが中に入って動かすので、軽くて丈夫な段ボールが適しています。

● 2人乗りの場合は奥行きを広くとっています。

● 電車の種類を1種類だけにするのではなく、新幹線など複数の種類を用意することで、遊びのイメージに広がりが生まれます。

Memo

✓ 2人乗り電車はリズムを合わせないとうまく走れません。遊ぶうちにテンポがあってきます。1人乗り、2人乗り、複数作ることをお勧めします。

✓ 子どもの遊びに動きはつきもの。部屋をグルグル回ったりテラスに出たり。動けるということが、楽しさのツボでしょう。

3

引っ張って
動かす！

子どもたちの遊びに動きはつきものです。箱にひもをつけて引っ張るこの遊びは、子どもの「やりたい！」気持ちにぴったりです。
自分が進むと箱も進みます。スピードを出すと、箱のスピードも上がります。犬の散歩をしているような楽しさを味わっているようです。

広いオープンスペースを楽しく移動できたらと考えて作ったのが、小さな車たち。身のまわりの小さなおもちゃや人形を乗せるイメージで作りました。車を見るとさっそく出かけたくなった子どもたち。遊ぶだけではなく、片づけの時にも「運んであげるよ！」と活躍しました。

お出かけごっこにも車が出動します。自分のお気に入りを車に載せて、出発進行！荷物を載せると、落ちないようにと運転がやさしくなります。

4台の車がそろいました。みんなでゆずり合って遊びます。

環境構成のワンポイント

引っ張り車の作り方

10〜12cm

25〜30cm

15〜20cm

① 段ボール箱に色画用紙を貼って作ります。
子どもが使うものなので、長持ちするようにカバーフィルムなどで仕上げます。

② 引っ張りやすいよう、綿素材の少し太いひもを付けます。

＊車の種類は1種類だけではなく、パトカーやトラック、消防車などにも見立てられる色合いやデザインのものを用意しておくと、遊びに応じて車を使い分けることができて遊びが広がります。

＊あまり作り込まずシンプルなデザインにすることで、見立てて遊ぶことができます。

背中に背負うリュックがあると、動きがより活発になります。紙袋にビニールひもをつけると、でき上がり。

Memo

✓ 大事なものはいつでも手に持っていたいもの。でもずっと持っていると、遊びにくいですね。その時活躍するのが、バッグや引っ張り車です。遊びの楽しさがつながっていきます。

✓ 保育者が作るものは、イメージが広がるように、できる限りシンプルに作ります。

4

何かになって遊ぶ

「何かになって遊ぶこと」「何かになった時に使うものを作ること」など、やりたいことが増えてきました。また、それを友だちと共有して楽しむ姿も見られます。

子どもたちの「やりたい！」という声を受け止めて、保育者もアイデアを出しながら遊びを支えます。

ただし保育者が場を作り込みすぎると、子どもの育ちにつながりません。多様なイメージがわくように、シンプルな環境を用意したいものです。

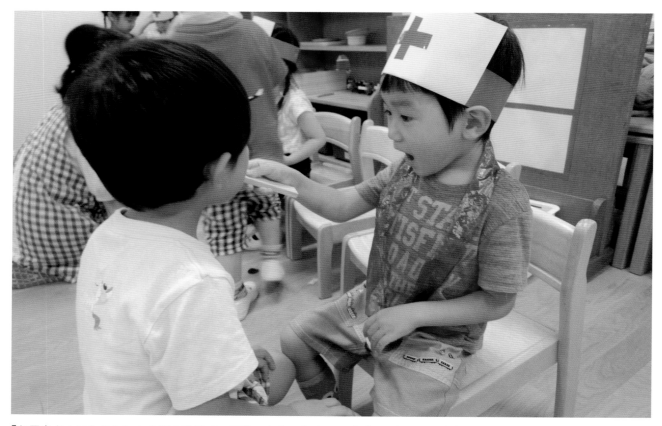

「お医者さんになりたい」の声を受けて、病院の人というイメージがわくお面を保育者と一緒に作り、さらにその気になっています。健康診断を受けたことが、この遊びのきっかけになっています。
「はい、あーん、してください」「あーん」、首からペットボトルのふたを聴診器に見立てたものをぶら下げています。

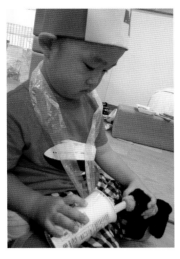

子どもたちはお面をかぶることで、いろいろなものに変身します。子どもたちの絵をお面にすることで、楽しさが広がります。いつまでも遊びたい子どもたちです。

病気のクマにやさしくミルクを飲ませているお医者さん。

三角に切った紙をお面バンドに貼ったら、「ネコ！」。2人で顔を見合わせて「ニャーオ」。

おしゃれをしておでかけです。

環境構成のワンポイント

何かになって（なりきって）遊ぶきっかけとなる環境・物

★お面バンド

3歳児は何かになりきって遊ぶのが大好きです。特にお面は自分のイメージを形にすることができます。子どもたちのイメージをすぐに形にできるよう、常に用意しておくといいでしょう。

★プラスチック容器

乳酸菌飲料などの小さなペットボトルは子どもの手にちょうどいい大きさのため、楽器やお店屋さんなど、子どもたちの遊びに大活躍です。

★空き箱

牛乳パックやティッシュの箱などは、箱として使う、ひもを付けてバッグに使うなど汎用性が高いです。また、複数個用意しやすいので、「友だちと同じものを作りたい」という子どもの思いに応えることができます。

＊牛乳パックを使う時は、よく洗って乾かしてから使います。乳製品アレルギー児がいる場合は、ジュースパックを使用するなどの対応も必要です。

Memo

✓ お面やバンドは身につけて遊ぶので、ある程度丈夫であることが大切です。お面バンドにガムテープで裏打ちすると、汗をかいても破れません。

✓ 保育者が作り込みすぎるのは禁物。布や空き箱など、自由にイメージを広げられるものを大事にしたいです。

5

ついたて 大活躍 その1

本園の3歳児クラスの子どもたちが過ごす2階の保育スペースは、オープンスペースで壁がありません。そこで活躍するのがついたてです。いろいろな高さのついたてを活用してみましたが、高すぎると圧迫感が出ることがわかりました。
試行錯誤の上たどりついたのがこのついたて。遊びや生活の中で活躍しています。

子どもたちの描いた絵に、紙を丸めたくるくる棒をつけました。さっそく動かしたくなった子どもたち。ついたてが劇場に変身しました。ついたての後ろでは、いろいろな会話が生まれます。出したり引っ込めたりしながら、友だちと同じ動きをすることで、演じる楽しさを味わっています。

子どもたちが人形劇を楽しめるように、保育者も仲間に加わり、やりとりを楽しみます。

ホワイトボードのついたて。マグネットが付いた色板で、色や形の組み合わせを楽しんでいました。ある日、ままごと用のマグネットの野菜もくっつくことを発見したようです。どんどん楽しくなって、このとおり。

ついたての後ろに子どもの姿がありました。2人だけで絵本の世界を楽しんでいます。

ついたてに布をつけて、片側を壁につけると、屋根ができました。こんな空間も子どもたちは大好きです。気の合う友だちと過ごす特別な場所になっています。

環境構成のワンポイント

ついたての大きさ

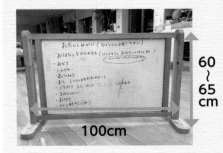

60〜65cm

100cm

大きさ：縦60〜65cm　横100cm

ポイントは高さです。しゃがむと身体が隠れ、立つと身体が見えるちょうどいい高さになっています。表面はホワイトボードになっていて、遊びの内容を書いておくこともできます。

Memo

✓ 安定感が重要。足元の支えを広く作っています。

✓ 保育者は、子どもたちの遊びの状況を見ながらついたてを移動します。子どもたちも動かすことができます。

6

ついたて
大活躍 その2

遊びや生活の中でついたてはよく活用されています。ついたての後ろに隠れて遊びたい気持ちが出てきたので、保育者も遊び心いっぱいに楽しんでついたてを活用する遊びを提案すると、楽しさが広がりました。

魚釣りで作った魚たち。海で泳ぐ雰囲気を出したくて、紙テープでぶら下げてみました。ゆらゆらする感じがおもしろく、出したり引っ込めたりすることで、楽しい海のお話ができました。

トイレットペーパーの芯を使ってどんぐりころがしを楽しみました。

ついたてに窓をつけると家らしくなりました。「ピンポ〜ン！」「どなたですか？」お客さんが来ました。

虫を作って遊んでいたので、ついたてに草を貼ったら、さっそく虫を動かして遊んでいます。

"バッタみつけた"の歌を歌いながら、かわいいバッタたちがぴょんぴょん飛び回ります。

環境構成のワンポイント

折り紙で折ったバッタに割り箸をつけました。使わない時は、空き箱の草むらに置いておきます。

- 魚を泳がせたくて、紙テープでぶら下げました。ゆらゆら揺れる感じが表現できます。ぶら下げてあるだけなので、後ろに隠すと「いなくなっちゃったね！」。
- 子どもたちはついたての後ろで、紙テープを動かします。ペープサートとは違う楽しさが味わえます。

Memo

✓ ついたての後ろにしゃがみこむとみんなからは見えなくなる！それだけでワクワクします。

✓ 遊びの中心は子ども。保育者が作り込みすぎないように注意します。

7

全身を使って遊ぶ —— 室内

子どもたちは身体を動かして遊ぶのが大好きです。保育室の中で、身体を動かして楽しめる場や道具を用意すると、大喜びで取り組みます。ジャンプしたり、飛び越えたり、引っ張ったりと、多様な身体の動きを遊びの中で体験していきます。

保育室内の限られたスペースでも、工夫次第で身体を動かして遊ぶ場になります。

クラスみんなで初めての綱引きごっこ！シーツを三つ編みに編んだものを使って、子ども同士で引っ張り合います。足腰を使いながら引っ張るのはなかなか難しい。それでも何回かやってみると、コツをつかんで思いっきり引っ張ることを楽しんでいました。「がんばれ！がんばれ！」と、観客も大盛り上がりです。

ジャンピングマット、平均台、巧技台からのジャンプ、そしてトンネルと、サーキットにしました。一本橋も、上下を逆さに設置すると難易度が上がります。

綱引きに使った縄は、床に置いて綱渡りにもできます。足裏の感触も心地良いです。

運動会で玉入れを観戦した後、保育室で玉入れごっこをしました。紙袋を玉入れのカゴにして、壁に貼り付けてあります。一生懸命手を伸ばして入れようとしたり、少し離れた場所から投げ入れたりして、入ると大喜びでした。

ジャンプが大好きな子どもたち。障害物を置くと、飛び越えることにも挑戦し始めます。

環境構成のワンポイント

★綱

シーツを3分割したものを三つ編みしたもの。肌触りも良いです。

★ペットボトルや段ボール

飛び越える動きを引き出すためのアイテム。置く数や距離を変えると、難易度や楽しさも変わります。

Memo

✓ 新しい動きは、最初はうまくいかなくても、何度も挑戦するうちに身体の使い方のコツをつかみ、できるようになります。繰り返し楽しめるように、遊びの場を設定していきます。

✓ 限られたスペースに場を作るときは、ぶつかったりしないよう、子どもの動線に配慮します。

8

全身を使って遊ぶ ── 屋外

子どもたちは常に動いています。屋外に出ると、よりのびやかに動いて遊ぶことができます。

身近にあるものを活用したり、楽しめる要素を少し加えたりすることで、さらに動きが広がります。子どもたちが何を楽しんでいるのかを敏感に察知しながら、楽しい遊びを支えていきます。

園庭で遊んでいた子どもたち。その場にあったものを運んでつないで、面白い道ができ上がりました。慎重に進んでいきます。少々不安定な足場がまた楽しい！

運動会でかけっこを十分に楽しんだ後、コーンを並べてジグザグに走ってみると大喜び！
コーンの置き方を変えたり、コーンを回る、飛び越えるなど、工夫次第で楽しさが広がります。

木に張ったロープに足をかけながら、登ることに挑戦！5歳児が楽々と登っている姿をじっと見て、まねすることから始まりました。何度も何日も挑戦して、やっと登ることができるようになりました。

室内で使っていた段ボールの車は、屋外でも大活躍！
1人乗りで思いっきり走り回ったり、友だちと一緒に乗りながら、電車ごっこを楽しんだりしています。

環境構成のワンポイント

動きを引き出す物いろいろ

★板・ケース等
組み合わせると、一本橋や坂道ができます。作る楽しさが味わえます。不安定なので確認が必要です。

★段ボールの電車
室内で楽しんでいたものを屋外に持ち出すと、楽しさが広がります。段ボールに持ち手をつけただけで楽しめます。イメージと動きが合体して楽しいです。

★三角コーン
走るときの目印にできます。複数あると、使い方の可能性が広がります。

★ボールやフープなど
複数持っていくことで、楽しさを感じ合いながら遊ぶことができます。

Memo

☑ "ちょっと難しい"が子どもたちの「やってみたい！」という気持ちを引き出します。最初は、手を添えて支えていくことも大事です。

☑ 身体を動かす遊びにごっこ遊びの要素を加えると、子どもの楽しさが広がります。動物になりきって動いてみたり、走りきった後にメダルの授与やインタビュータイムを設けてみたりと、ちょっとした工夫で楽しさがひろがります。

1

感じる

身近な物に身体全体でかかわり、子どもたちはさまざまなことを感じ取っていきます。感触や色あい、温度差、不思議さなど、さまざまなことを感じとる「物」との出会いはとても大切です。
ゆっくり時間をかけて触れていく子どももいれば、勢いよく触れる子どももいて、取り組み方や感じ方は十人十色。個々のペースや楽しみ方も大事にしていきます。

保育者が絵の具遊びの用意をしていると「やりたい！」と目を輝かせて集まってきます。この日は、赤・黄・肌色の3色を大きめのトレイに用意して、模造紙を広げました。トレイの上で両手を使って絵の具をこねながら感触を楽しむ子どももいれば、模造紙に手形をつけることを繰り返したり、手につくことに抵抗があって筆を使う子どももいます。一人ひとりが自分の楽しみ方を見つけて遊んでいます。

透明シートの間に絵の具をはさみ込みました。シートの上から絵の具に触れると、絵の具が伸びていきます。面白さを味わい、さらにクレヨンでもグルグルと…。

ベランダの透明ボードに貼ると、透けて見えるのでとてもきれいでした。

粉絵具を混ぜて、自分の色を作っています。

透明ボードに絵の具で描いています。腕を大きく動かしながら、色や形の面白さを感じています。

環境構成のワンポイント

「感じる」を存分に味わえるように

★ のびやかに取り組めるように
小さな紙より大きな紙のほうが、取り組みがのびやかになります。作品を作るようにするのではなく、「遊ぶ」が目的です。

★ 子どもの動きを止めない
夢中になった子どもたちは、次々に思いつきます。そして没頭します。一人ひとりを認め、見守っていきます。

Memo

✓ 子どもは身体全体で環境にかかわり感じます。できるだけスペースを広くとるようにします。

✓ 十分活動した後の片づけや着替えも大事な時間。見通しをもって用意しておきましょう。

2

不思議を味わう

「何で？」「どうなってるの？」「やってみたいけど、どうやるの？」自然現象や友だちがやっていることなど、子どもたちは身のまわりのさまざまなことに興味をもっています。

子どもたちの身のまわりには、「不思議」がいっぱい！触れてかかわって味わって、実際に体験してみて気づくこと、不思議に思う姿を大事にしながら寄り添っていきたいですね。

ビニールのポリ袋を開いたら、布のような状態になりました。ビニール袋の両端を持ち上下に揺さぶると、ふわっとなります。上を見上げると、空が赤く見えました。

キャップや粘土の型、段ボールなどを使って、絵の具スタンプ遊び。できた形をじっくり見ています。

水のりをつけた筆をお花紙につけて「色が変わった」「穴が開いた」と発見を伝えています。

クレープ紙を使って色水遊び。自分で水やクレープ紙を入れたり出したりすることを楽しんでいます。

テラスに雨だれが落ちていました。そのことに気づいた子どもたちが、雨を集め始めました。はりきって容器を持ってきます。

絵具で色水を作ってみました。カップや卵パックなどの空き容器に入れて、色の違いを味わっています。

環境構成のワンポイント

不思議を味わうために

● 水があると、不思議を味わうチャンスが増えます。
● 初めは何をしているかわからないけれど、その状態を大切に受け止めていると、子どもたちがやりたいことが見えてきます。
● 探索の芽は、子どもたちの中にあります。

Memo

✓ 子どもの目になって、周りの環境を見て、子どもの心になって遊んでみると、新しい発見があります。

✓ ごくわずかな変化に目をとめている子どもの姿を見逃さないこと。探究の芽がそこにあります。

1

ソフト積み木

軟らかく軽い材質でできているため、3歳児が安全に使うことができるソフト積み木。自分で運ぶことができるため、イメージどおりに場を作って遊ぶことができます。

囲って空間を作ったり、並べてテーブルや椅子にしたり、上に乗って乗り物にしたりなど、使い方は無限にあります。

「自転車を作りたい！」という声から、ソフト積み木を使って自転車づくりが始まりました。最初は1人乗りの自転車でしたが、「僕も！私も！」と、気づけば5人以上が乗れる大型の自転車に。

場を区切るように周りに置けば、あっという間に特別な空間になります。大型スポーツカーに乗って、ドライブに行くところです。

細長いソフト積み木を並べてテーブルにして、ごちそうを並べています。

壁に斜めに立てかけ、車のペダルに見立てて、運転ごっこで遊んでいました。それを見た友だちも「ぼくもやってみたい！」と言い、ソフト積み木を持ってきて隣に並べ始めました。気づけばお客さんも乗ることができる大型車になりました。

環境構成のワンポイント

ソフト積み木の使い方

① 囲む	囲むことによって周りから区切られた空間が生まれます。区切られた空間によって遊びが発展していきます。
② 並べる	細長く並べれば、電車や車などに早変わりします。
③ 座る	ソフト積み木は軽いので、簡単に移動式の椅子になります。
④ 置く	細長いソフト積み木を置いてテーブルにしたり、ステージにできます。簡単に高さを変えられるので、人形などのステージづくりに適しています。

Memo

✓ ソフト積み木の上に立つとバランスを崩す場合があるので、「積み木の上に立たない」よう注意して、遊びの様子をよく見ます。

✓ 子どもたちは運ぶのが大好き！いろいろな場に運ぶことが楽しさになります。

2

ドミノ積み木

厚みがあって積みやすいドミノ積み木は、友だちと一緒に楽しめる積み木です。

もっと高く、もっと高くと、楽しさが広がっていきます。縦にしても安定性があるので、橋やマンションを作ったりとさまざまな使い方ができます。

こわれて、また積んで、という繰り返しの中で子どもたちは育っていきます。

みんなでドミノ積み木を上へ上へと積み上げています。倒れないように慎重に積んでいます。積んでいくと、途中で「ガシャーン」と大きな音を立てて倒れてしまいました。しかし子どもにとって、大きな音を立てて倒れることも楽しいようで、笑い合いながらまた積み始めました。何度も高く積んでは倒れることを繰り返して遊んでいました。

ドミノ積み木を積み上げて、木の人形を入れてマンションを作りました。2階が僕の部屋で、3階がパパとママの部屋、一番上はお客さんの部屋だそうです。

マンションの下を丸く囲って公園にしています。

環境構成のワンポイント

ドミノ積み木で楽しく遊ぶポイント

★適量を用意

子どもたちの遊びの様子をみて、量を調整します。多すぎると乱雑になり、少なすぎると取り合いになったりします。遊びを楽しみ出したら増やしていきましょう。

★遊んだ後のしまい方が重要

衣装ケース（左）に入れる場合、数多くしまうことができます。しかし、積み木がケースの中で散乱することがあるので、数を減らして木製の箱にしまうことにしました（右）。深さは積み木2段程度の高さのためしまいやすく、細長い箱なので、複数人でもぶつかることなく一緒になって片づけることができます。

岩のおもちゃと組み合わせて遊んでいます。岩の上に積み木を立てて板を渡して、橋を作りました。

Memo

✓ 積み木遊びは作ったりこわしたりを楽しめるのがよいところです。
こわれる→笑う→また作るを一緒に楽しみましょう。

3

L字積み木

L字に折れ曲がっている積み木が登場すると、3歳児クラスの子どもたちの大好きな遊具になりました。

L字を組み合わせると壁ができ、板を載せるとかわいいお家ができます。しっかりとした土台なので、崩れることはありません。この安定感が、子どもたちをリラックスさせるようです。

L字積み木を縦に壁のように囲ってお家を作っています。その中にL字積み木を置けば、椅子に大変身です。L字に折れ曲がっているため、空間を広げやすいのが特徴です。

床に囲うように並べてお家ごっこをしています。右の子どもは、囲んでお人形の部屋にしています。L字なので、簡単に壁を作ることができます。

同じ形の積み木を積み上げています。たくさん積んでも崩れそうにありません。笑いがこぼれます。

L字を組み合わせた壁の上に、屋根のように乗せています。

環境構成のワンポイント

L字積み木の片づけ方

L字積み木は、四方に重ねて片づけると、隙間なく片づけられるようになっています。1つでも足りないとこの形にはならないので、足りない積み木があるかどうかが一目でわかります。形の特徴やそろった時の美しさが感じられます。

Memo

✓ 箱に元どおり収納するまでが大事な遊びです。時間をかけて丁寧に、保育者も一緒に楽しみながら片づけましょう。

4

カラー積み木

大好きな積み木遊びに色が登場しました。さまざまな色があるカラー積み木。
色があることで、遊び方も変化します。お店屋さんごっこをしたり、囲って部屋にしたり、何枚も積んで足場にしたりと、さまざまな遊びができます。そこに木製の人形を組み合わせると…可能性が広がります。

カラー積み木で電車を作りました。各車両に背もたれも作ってあります。人形のお客さんを入れて遊んでいると、「のりまーす」と友だちが人形を持って遊びに加わりました。

積み木を並べてお店屋さんごっこをしています。「何にしますか？」「私はこの色！」いろいろな色があるため、たくさんの味のおせんべいができました。

線路の下にカラー積み木を敷いて、足場にしています。積み木の厚さは薄く、わずかな高さの違いを生み出すことができます。

環境構成のワンポイント

カラー積み木の魅力

子どもたちは、形や色からさまざまなことを感じとって遊びにしていきます。子どもたちが感じていることを受け止められるよう、遊びの様子をよく見ていきます。

積み木を四角く囲って動物園を作っています。「ワニさんは大きいから長くしようね」「ペンちゃんは屋根があるといいよ」と、動物に合わせて部屋を作っています。

豊富な色

立方体や直方体などさまざまな形

Memo

✓ 単一のものではなく、多様なものを組み合わせることで表現したいという思いを受け止めます。

1

その場にある物

子どもたちには、身のまわりにあるものを遊びに取り込む柔軟さがあります。散歩先にあるフェンスやマンホールなども、素敵な遊びの場に変身します。

さまざまなものに目を向けて、友だちと同じ動きを楽しんだり思いを交わしたりしながら過ごします。

名前が書かれた木のプレートを活用してお店屋さんごっこが始まりました。プレートを指さして「これください！」とメニューに早変わりです。プレートがあることで、子どもたちの間でレジのイメージが共有されました。

前日に雨が降ったため、木の箱に雨水がたまっていました。手を入れてチャプチャプと音を立てたり、水の感触を楽しんでいます。

見晴らしのいい原っぱの上に、レジャーシートを敷きました。するとその上で、お家ごっこが始まりました。日差しの温かさを感じて気持ちよさそうです。

環境構成のワンポイント

遊びに活きる場所

★木
登ったり、下に落ちている落ち葉を使ったりすることができます。実のなる木は、その実を使って料理ごっこもできます。

★階段
座ることができるので、お家ごっこなどに大活躍です。

★スロープ
ボールやドングリ、木の実を転がしたり、転がしたボールを追いかけたりすることができます。

他にも、見方を変えるとさまざまな場所が遊び場になります。

ベンチは座るだけでなく、上に葉っぱや石を置いてお料理ごっこをするキッチンになったり、前後に分かれてお店のカウンターにしたりと遊びに大活躍です。

Memo

✓ 大人の目には何でもなく映るものも、子どもにはまったく違うように見えているようです。

✓ 「あの場所好きだよね」「〇〇の遊びがよく始まるね」という場所には、何か秘密が隠れているはずです。

2

石・実・虫・花

散歩先には葉っぱや石、木の実、生き物などさまざまな自然物があります。子どもたちとそのような場に行き、ゆっくり遊ぼうね、という心もちで過ごすと、子どもたちはいろいろにかかわり始めます。

しゃがみ込んで、手を伸ばせば発見がある。それぞれのかかわりを大切にしていきます。

散歩先でダンゴムシを探しています。石をかき分けて、ダンゴムシがいないか探しています。「ここにいたよ！」「どれみせて！」と真剣な表情で見ています。

散歩先にあったカラスノエンドウをむいて種を取り出しています。近くに落ちていたレモンの実と合わせて、素敵な料理を作っています。

秋には落ち葉を集めて、保育者が上から降らしてみました。秋風に乗ってふわふわと落ちる葉っぱに、子どもたちは興味津々です。

環境構成のワンポイント

料理ごっこなどが盛り上がる物

★コップ
中に入っているものが他の子どもにもわかるように、透明なものがいいです。

★小物入れ
牛乳パックで作った小物入れです。入れやすく丈夫なつくりになっています。

★フライパン
子どもが扱いやすいように軽く、それでいてかさばらないように底が浅くなっています。

これらはすべて一例です。
他にもさまざまなものが遊びに活きます。

容器に葉っぱや水を入れてスープを作っています。葉っぱはそのまま入れたりちぎって入れたりと、さまざまな使い方ができるので料理ごっこに大活躍です。

Memo

✓ 自然は日々変化します。事前に散歩先を下見して、どこにどんな自然物があるか把握しておくと、素敵な出会いがある道を選べます。

✓ 自然物の名前や遊び方なども調べておくといいです。

1

「食べる」ことを楽しむ

園生活の中心に「食べる」があります。食への興味や関心、意欲には個人差がありますが、大切に育みたいのは、「食べる」ことを喜びと感じられるようにすることです。そのために、「食べる」ことを楽しむ生活を大切にします。

お月見団子づくりをしました。栄養士が豆腐と上新粉を混ぜたものをこねてみせる様子を、引き込まれるようにして見ています。

お月見団子づくり。一生懸命丸くします。

お月見団子のできあがり！みんなで食べました。

畑で採れたキュウリを塩もみにして5歳児が届けに来てくれました。畑で育っていた様子を見ていたからか、普段のキュウリとは違う特別感を味わいながら食べる子どもたちです。

みんなで楽しく給食を食べます。「おいしいね」という気持ちをもちながら、いろいろな食材に親しんでいきます。

Memo

✓ みんなでおいしく食べる時間は、喜びの時です。安定した気持ちで食べられるよう環境を工夫していきます。

✓ 作る体験があると、食への興味が増します。3歳児にとって無理のないものとなるよう、大事に計画していきましょう。

②

気持ちよく 過ごす

子どもたちが自分らしく過ごせるようになるためには、生活のあり方が大切です。

荷物を置く、着替える、外に出ていく、食事をする、午睡をするなどの生活が気持ちよく営まれていくようにと願い、環境を整えます。子どもたちの実態に応じながら、微調整をしていきます。

暑い季節は水筒を使用しています。散歩先で、「ちょっとお茶飲もうか」と水分補給。帽子をかぶることや、こまめに水分を補給することで元気に過ごせることがわかって、すすんで行動する子どもたちです。

外で遊んで帰ってきたあとは、手洗いとうがいをします。毎日行うことで、自分から行うようになります。

衣服の汚れに気づくと、着替えます。カゴから着る服を出してきて、脱いだものは袋の中にしまいます。着脱が難しいところは、保育者と一緒に行います。

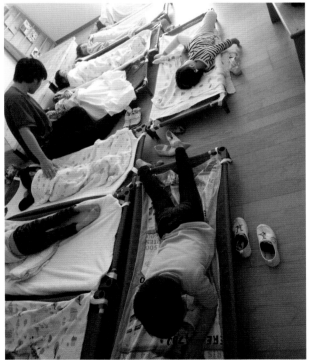

午睡の時間。午前中たっぷり遊んだ日は、保育者に寄り添われながら、安心して、ぐっすり眠りにつけます。

Memo

✓ 子どもが自分でしようとする姿を見守っていきます。そのためには緩やかな生活の流れが効果的。そのために、ゆとりをもつことが大事です。

✓ 子どもたちが自分から取り組めるように、扱いやすい大きさ、わかりやすさがポイントです。

実践にみる
環境構成の工夫

① ひきえ子ども園（岐阜県岐阜市）
② 世田谷おとぎの森保育園（東京都世田谷区）

ヒト・生活・遊び・コトが織りなされる日々

—— ひきえ子ども園

ひきえ子ども園では、子どもの育ちや興味・関心、自然や文化と、ともに生活を営む私たちの思いを紡ぎ合わせ、環境を整えていきます。そこに、子どもたちや私たちが集いかかわり、生活や遊びが織り成され、さらに、ヒトやモノが柔軟にかかわり合い、コトが創り上げられていくと考えています。そのようにして紡がれた3歳児クラスの実践を紹介します。

「ばぁばが、玉入れしようって言ってたよ」

秋茜が早稲の上を舞う頃、クラスのAさんが「ぼくのばぁばが、玉入れしようって言ってたよ」と伝えてくれました。そこで早速、玉入れの籠や紅白の玉を、子どもたちと保育室前の庭に用意しました。籠をめがけて玉を投げ入れますが、手に取ってそのまま放り投げるのでなかなか入りません。弧を描くようにとさり気なく示したり、士気が下がらないように声をかけたり、どのタイミングで籠を低くしたらいいのか、どのように遊べば達成感を得られるのかなど思案していると、Bさんが、いきなり椅子を支柱の周りに並べました。

子どもたちは、玉を拾い椅子に登って投げ入れ、たちまち籠いっぱいになり「やった！勝った」と歓声があがりました。その清々しい笑顔に、従来の玉入れに縛られ考えあぐねていた私は、胸がすく思いがしました。

「もっと！」と足場を作る子どもたち

翌日、Cさんが、「もっと！」と椅子よりも高いケースを運び、階段のように足場を作り、玉を入れているのを見て、D・Eさんらも、さらに背の高いものを探し、自分の足場を組み立てることに精を出し、玉入れを楽しんでいました。

「あっ　まちがえた」Fさんが投げた白の玉が紅の籠に入ったことをきっかけに、わざと違う色の籠に玉を入れる"まちがい玉入れ"がブームとなり、さらに、虫取り網で玉を取る"お邪魔虫玉入れ"と、どんどんかたちが変わる玉入れから目が離せません。

「どうして紅と白ばっかりなの？　わたし、青の玉がいい」とのGさんの言葉に、「うちも青がいい」とHさんが応え、新聞紙を丸めてガムテープを巻き、洗濯籠を吊り下げ、3者の玉入れもスタートし、後日念願のばぁばとも対戦しました。

霜枯れの今も続く玉入れ。遊びの波が引いた頃に、身体を動かすことがあまり得意ではないIさんがやって来て、1人黙々と玉を投げ続けること1週間。ついに「入った」と小さなガッツポーズ。長い取り組みがさまざまな子どもの思いを惹き込むことにつながり、Iさんの笑顔に出会えたことも至福の喜びです。

ばぁばと玉入れ対戦をした時。「あれまぁ。届かないから踏み台を使って投げるとは、よく考えたねぇ」「あっぱれ！だね」「私たちは、階段を上って投げるほうが疲れるけどねぇ」作戦勝ち！

想像を遥かに超え、遊びを創り上げる子どもにワクワクがとまらない

私たちは、エピソード記述を描き語り合うことで、保育を省み、環境を再構築し、しなやかな生活が営まれるよう努めています。

子どもたちが柔軟に発想し主体的に遊び出した背景に、子どもに魅せられ無心に子どもとのかかわりを楽しむ私と、さらにともに知恵を絞る私が醸し出す柔和な雰囲気に支えられ、子どもも、何気ない行動が認められた心地よさが自分への誇りとなり、もっとやりたい思いへと、うまくいかなくてももう一回挑む気持ちへと向かっていったのではないでしょうか。

子どもが発想したことを瞬時に受け止め、ともに実現するための環境を考え整えていく過程をじっくり丁寧に紡ぎ、面白い遊びが繰り広げられました。長きにわたる取り組みが、遊びをより重層的に創り上げました。

本当に子どもは面白く、むしろ子どもによって私が洗練される毎日といっても過言ではなく、子どもと二人三脚な生活をしなやかに紡いでいきたいと思います。✿

「出発進行！」声高らかに響きます。剣を持った軍団が「さぁ行くぞ」と乗り込んできて、たちまち満員電車です。ごく自然に遊びがつながったり離れたり、電車が秘密基地になったり。人も形も遊びも動き、保育者の心も動きます。

小春日和。散歩日和。用水路をとび越しそこねて「おっとっとっと」。それが面白くて、みんなも「おっとっと」。どんどん連なって、どこまでもみんなと一緒。いつまでもつながっていたいな。

雨上がり。ぬかるんだ土を両手でかき集め大きな丸。花を飾り、オオバコのローソクを立て、泥んこクリームをデコレーション。見とれる保育者をよそに「いただきます！」と一瞬でぐにゅぐにゅ。子どもたちは『今』を満喫しているんだね。

陽の光に虹色に輝くシャボン玉。「えっ、まさか朝顔？」なんと朝顔でシャボン玉遊びをしている2人。そっとそっと優しく息を吹き込んで…「わっ　できた」ゆったり空にとんでいく。消えるまでずっと見送る2人。

「ぼくね、今日からお兄ちゃんパンツ」「だから、パンツはかせてあげるね」
トレーニングパンツをはくと、大きくなった自分に誇りを抱き人に優しくなれる…素敵なプライド。

水鉄砲の的は、5歳児のお兄さん。遊んであげているはずが、気がつくと、遊んでもらってる？　対等な勝負を終えると、勝敗は水に流して、あこがれと愛おしさが互いの身体に沁みわたります。

身体の赴くままに、ジャンボ筆を走らせます。色と色が幾重にも重なってまたとない色が描かれます。惜しげもなく水を吹きかけ、色がしたたり落ち、そのしずくもまた味わい深い。くやしいけど、大人になった私には描けません。

「ねぇかえるさん」「何で動かないの？」指先でチョンチョン。「お腹すいてるのかなぁ」「眠たいのかなぁ」カエルの気持ちに思いをめぐらす2人。2人（3人）の間に穏やかな空気が流れ込みます。

「におくんと友だちになりたい」葉っぱや紙で角を作って、鬼の子になりきる子どもたち。いつしか「もーいいかい」とかくれんぼ。空想と現実の世界が交差して、ふいに笑顔になります。におくんもどこかで笑っています。

幼保連携型認定こども園　ひきえ子ども園
所在地：岐阜県岐阜市
定員：106名
運営：社会福祉法人蓮華会

外部の力を活用し、試行錯誤でより良い環境を追求する

—— 世田谷おとぎの森保育園

子ども主体の保育を目指して環境づくりを行ったら、知らぬ間に雑然とした空間になってしまった経験はありませんか？世田谷おとぎの森保育園は、外部の資源を活用し、この悪循環を乗り越えてきました。

試行錯誤の中で出会った専門家たち

保育所保育指針の改定（平成29年告示）に伴い、理事長を中心に、法人をあげて「子どもの主体性を大切にする保育」について学び、職員間でも研修を重ねてきました。しかし、「子どもの主体的とは何だろうか」「応答的なかかわりとはどうしたらいいのだろうか」と、学べば学ぶほど戸惑い、迷うことが多くなっていきました。そこで、「子どもたちのやってみたい」を実現するために、子どもたちが自分たちで遊びを選択できるよう、たくさんのおもちゃを出したり、室内でも園庭でも自由に行き来できるようにしたり、一人ひとりに向き合った保育を心がけていきました。

しかし、遊び込むどころかおもちゃは散乱し、声も大きく落ち着かない雰囲気になり、「やりたいことを見つける」環境にはならなかったのです。

そんな時、保育のデザイン研究所・川辺尚子先生との出会いがありました。研究所の研修に参加する中で「環境」の大切さに触れ、自園の問題点を全職員で考えたのです。あわせて、一級建築士の井上寿先生から、環境を改善している保育所や幼稚園の事例を数多く見せていただくことで、職員の中でぼんやりとしていた環境改善のかたちが少しずつ見えてきました。

以前の保育の様子

子どもたちの動線を考慮した環境改善

　まず、子どもたちの動きをよく観察し、子どもの動線を考えたうえで、段ボールによるパーテーション、本棚、家などの制作を井上先生の指導のもと、行っていきました。

　2歳児クラスでは、ままごとスペースの改善から始めていきました。子どもたちの動きを考慮しつつ、パーテーションで仕切り、場所を設定したところ、子どもたちは自分たちで場面を設定し、遊び込む姿が見られたのです。同時に、おもちゃが散乱することもなくなりました。

初めて段ボールで環境改善

出来上がったばかりのパーテーションと本棚はすぐ子どもたち見つかり、早速試し中。居心地はいかが？

ままごとスペースの改善

静かに絵本を読みたい子どもたちのために、絵本スペースも作りました。絵本は保育所所有のほか、図書館に行って自分たちで選ぶことで、愛着をもち大切に扱うようになっていきました。食事と睡眠の環境をカーテンで仕切り整えてみると、落ち着いた空間になり、食べ終えたら自分で支度をして午睡に向かう流れが自然とできました。

こうした子どもたちの姿から「環境」の大切さを教えてもらったように感じています。

その後も環境改善は止まることなく進み、子どもたちの遊び込む姿を見ながら、職員がいろいろなアイデアを出して取り入れています。まだ発展途上ですが、うまくいかなかったらみんなで相談し、あきらめずに改善していくことや、全体を俯瞰して見ることで、今何が必要かを客観的に冷静に分析することの大切さを感じています。今後も職員自身が主体的に楽しみながら、子どもたちとともにより良い環境を考えていきたいと思います。　❀

絵本スペースを作ることで、集中して絵本に向き合う子どもが増えました。

製作・絵画スペースも作ってみました。

つくえの下の秘密基地でゆったり

長くつなげた線路。電車に夢中

窓に電車走らせまーす

認可保育所　世田谷おとぎの国保育園
所在地：東京都世田谷区
定員：60名
運営：社会福祉法人聖光会

ひきえ子ども園の実践をともに考える

ヒト・モノ・コトの重なりの中で物語が生まれる

『エピソード記述を描き語り合うことで環境を再構築し、しなやかな生活を営む』保育を行っているひきえ子ども園の実践からは、子どもたちの笑顔や歓声、息づかいや汗の匂いが感じられ、その場に身を置いているかのような気持ちになります。冒頭で紹介されている玉入れの事例について詳しく考えてみます。

なかなか玉が入らない状況を打開すべくBさんが椅子を並べ出すと、子どもたちは大喜びで椅子に登り玉を入れ、籠はたちまちいっぱいに。「やった！勝った！」と歓声を上げる子どもたちの笑顔に清々しさを感じた筆者は『従来の玉入れに縛られ考えあぐねていた私は、胸がすく思いがしました。』と記述しています。

私は、筆者が「胸がすく」と言ったことに興味をもちました。「胸がすく」という言葉には、どのような意味が込められているのでしょうか。

子どもの思いを大事する保育を行いたいと願いつつも、保育者は何かにとらわれがちになります。どのようにしたら子どもたちが「玉入れ」を楽しめるだろう、と考えあぐねていた時の筆者のように、方向を見失いがちになります。その迷いを子どもたちは「椅子を持ってくる」ことでたやすく打ち砕きました。

「やった！勝った！」と歓声を上げる子どもたちの姿を見て「そうだよね！遊びっていうのは、そういうものだよね」と気づく筆者。その時の気持ちを「胸がすく」と表し、子どもから学ぶ、子どもに学ぶという意味を込めたのではないでしょうか。

何が生まれるかわからない面白さ

子どもたちは、「玉」と「籠」と「入れたくなる私」を重ねて遊び出します。子どもたちが創り出す遊びにおいては、何が生まれるかわかりません。だから面白く、だから目が離せない、それが保育の日々なのだということを、玉入れの事例が教えてくれているように思います。

その後、子どもたちと玉と籠の物語は、「足場の工夫」「まちがい玉入れ」「お邪魔虫玉入れ」「青い玉入れ」へ、さらに「Iさんの挑戦」へと展開していきます。「足場の工夫」では、より確実に玉を入れる場づくりが進められていますが、「まちがい玉入れ」や「お邪魔虫玉入れ」は、まったく異なる探究です。思いがけず生じた現象に面白さを感じ、それを遊びにしているのです。まさに遊びらしい遊びといえるのではないでしょ

うか。

このように豊かに遊びが展開していくのは、『子どもが発想したことを瞬時に受け止め、ともに実現するための環境を考え整えていく過程』を丹念に積み重ねられているからこその成果だと考えます。

ひきえ子ども園の実践から学ぶことは、「環境」と子どもたちとのかかわりを丁寧に見ていく視点、そして、保育者自身の心の揺れを自覚し理解の幅を広げていく視点です。この視点の獲得に「エピソード記述を描き語り合うこと」が効果を発揮しているように思います。ひきえ子ども園から学びたい大切なポイントです。

（宮里暁美）

世田谷おとぎの森保育園の実践をともに考える

本来の"環境構成"とは?

"子どもの主体性を大切にする保育"そして"環境を通した保育"という言葉は、平成29年告示の保育所保育指針の改定以前から、保育所保育の最も重要な基本原則であるはずです。にもかかわらず、なぜ多くの保育園で非常に難しい課題となっているのでしょうか?

これは、つまり"環境を通した保育"にある"環境"と、保育内容の中の"環境"の意味がゴチャゴチャになっているからではないでしょうか。

"環境を通した保育"にある"環境"は、玩具や素材も同様ですが、さまざまな活動や生活を1日の流れの中でどのように効果的に構成するかということ、そしてその時に、いかに子どもの目線で"環境"を見ることができるかだと考えます。慌ただしい保育の日常を見ると、どうしても大人が子どもの世話を効率的に行うための環境になることが多く、保育者の方々のご苦労を考えると、ある程度は仕方ないことかもしれません。

しかし、子どもが本当にやりたいことは何なのか、やりたいことに集中するにはどういう雰囲気が適切なのかを考え、できる限り子どもの想いに寄り添い、子どもが集中できる、落ち着ける居場所を創ることが大切であり、これこそが本来の"環境構成"なのではないかと思います。

子どもの活動や生活を中心とした環境構成への移行

一方で、環境構成は、「まずどこから始めればよいか、どうすればいいのかがわからない」「多くの家具や道具棚、間仕切など多額の費用がかかる」「一度購入した家具や備品は簡単には捨てられない」など、多くの課題があるのが現状です。

おとぎの森保育園の研修やワークショップでは、特に環境構成に取り組むための"最初の壁"を超えることを意図しました。まずはどのような"環境構成"があるのかを知ってもらうこと、そして安価で扱いの簡単な段ボールを使用して"まずはやってみること"を実践しました。そうすると、子どもがどういう場所が好きで、どんなことをするのかがものすごく見え、自ずと子どもにどのように寄り添えばよいかが見えてきます。違和感があれば簡単に修正できますし、"もっとこん

な場所があれば"と気づくことも多く、それをすぐに試すこともできます。

このような試行錯誤を通じて、徐々にこれまでの大人の動きを中心とした環境構成から、子どもの活動や生活を中心とした環境構成へと移行することができ、さらに保育の見方も変化し、子どもの主体的な活動を尊重した環境づくりを実感できるのではないかと思います。保育者の方々は、さすがプロフェッショナルですね。ほんのちょっとした子どもの変化にもすぐに気づきます。まずは、このような簡単な取り組みをきっかけとして保育を楽しんでほしいと思います。

（株式会社Integral Design Studio
代表取締役　井上寿）

第**4**章 実践にみる環境構成の工夫

107

ここが迷う
環境構成のQ&A

ここでは、環境を改善するときによく出てくるお悩みの声をもとに、改善のヒントとなることをお伝えしていきます。

改善のために自分の園に置き換えたならどんな形になるのかを想像し、職員同士で話し合いながら、「やってみて、子どもの姿を見て、また変えてみる」という改善のサイクルを作ってみてください。

Q1 子どもが走りまわる…

身体を動かして遊ばせたいけど、スペースがなくてケガが心配

育ちの中で大切にしたいこと

2、3歳の子どもたちは、身体が自由に動かせるようになり、行動が大きくなってきます。一方で、大人は見ていて危なっかしく感じることがありますが、「動きたい」「かっこいい」「すごい」と感じている子どもたちの有能感は大事にしたいです。できる限りやってみたいと感じた動きを試せるような環境にしたいですね。

モノ・人・場のヒント

走りまわるので、物を動かして広々とさせてしまうと、走りまわる動きだけが強調されてしまいます。まずは、子どもたちのやりたい動きをよく観察してみましょう。登る、潜る、這う、跳ぶ、ひっくり返る。子どもたちは非常に多様な動きを求めています。その動きは、モノとの関連で引き出されることにも注目しましょう。

→ 16、34頁参照

遊びによっては思い切り走ったり、身体を存分に動かしたいものもあります。たとえば、まっすぐ走りたいのなら廊下やベランダに出てみたり、ちょっと冒険に出かけるなら園舎の周りをぐるりと歩いてみたり…。その動きに適した場を選び、工夫することができるといいですね。

→ 62、72頁参照

子どもたちはイメージを膨らませて、何かになったり、動きをまねたりして遊びます。また、友だちのしていることに関心を寄せ、一緒に場を作りながら遊ぶことで力を発揮します。段ボールや積み木など、自分の身体より大きいモノを作ろうとして、身体を存分に動かしながら、イメージを形にしていく行為を大切にしましょう。

→ 60、80頁参照

予想外の動きに困惑…

保育者が想定していない使い方にドギマギ!?

育ちの中で大切にしたいこと

子どもはモノとかかわり、そのモノの特性を自分なりに理解しながら、扱い方を考えたり編み出したりしています。ですから、急に鍋を頭にかぶったり、おもちゃの箱を足に履いて歩き出したりするのです。

大人はその姿を愛らしいと思ったり、時には不適切だと思って止めたりしますが、子どもの側からすると、未知の世界への探究です。おもちゃ一つでも、思いがけない遊び方をするのが子どもです。固定観念がない分、豊かな発想で遊ぶ子どもたちの姿から、大人が学ぶ姿勢が大切です。

モノ・人・場のヒント

保育者は、子どもの遊びや動きを想像して環境を構成しますが、そのあと子どもがどのように扱うのか、どんな遊びに発展するのか、それを楽しんでみましょう。予想外のことは、「なぜ?」「何をしたかったの?」「何に気づいたの?」そんな視点で見てみると、子どもの発想の豊かさに驚かされます。

→ 14頁参照

子どもたちは、ブロック、積み木、ままごと道具など、それだけで遊ぶでしょうか。実はそれだけでも遊ぶことはできるのですが、自分たちで発展させていくには難しい点があります。たとえば、積み木で家を作ったら、必要なのは人物や食べ物です。しかし、そこに積み木しかなかったら、それは表現しきれません。モノとモノを掛け合わせてみると、豊かな遊びに発展していきます。

→ 28、82頁参照

子どもたちの遊びのイメージに、そこにあるモノがしっくりきていますか。不適切な使い方をしていると思った時は、その「動き」に注目してみるといいでしょう。

ままごとはイメージしやすいですね。たとえば、ブロックを2個持ち込んで挟もうとしている姿を見て、「あれ?トングがあるといいのかな?」と考えたり、積み木をばらばらと鍋の中に入れていたら、「野菜に見立てる何かがあるとよさそう!」と考えたり。子どもの姿をヒントにモノを用意していくと楽しいです。

→ 58頁参照

第5章 ここが迷う 環境構成のQ&A

111

片づかない…
子どもたちが全然片づけないので、おもちゃを減らした

育ちの中で大切にしたいこと

大人でも毎日、出したものをすぐに片づけたり、食事の前に部屋の中をすっかり片づける習慣がある人はどのくらいいるのでしょう。「今やっている遊びをおしまいにするのは嫌だな」「次にみんなで〇〇をするというけれど、それはやりたくないな」「こんなにいっぱいあふれているけれど、片づけられそうにない」そんな子どもたちの心の声が聞こえてきます。

片づけるという行為を、モノとのかかわりという視点で見てみるとよいでしょう。大人がまず大切なモノを大切に扱う姿勢から空間の心地よさやモノの大切さが伝わっていきます。

モノ・人・場のヒント

片づける時だけきれいに収納するのではなく、いつでもそこにあって、またそこに入れたくなるような収納の仕方だといいですね。自分が使いたいものがどこにあるかわかっていて、またどこに戻すかちゃんと決まっていること。つまり、遊びの始まりの心地よさ、明確さが大切です。

→ 2頁参照

モノの種類や量を考える必要があります。モノが乱雑に扱われている時は、「それは本当に今の遊びに有効か」という視点で見てみましょう。

漫然とモノを散らかしている場合は、子どもたちの「つまらない」という合図かもしれません。種類や量が、今の遊びに合っているか、そのモノが子どもたちの遊びが楽しくなることにつながっているのか、よく観察してみましょう。

片づけの時間だけでなく、使われずに設置されているものを保育者が大切に片づける姿を子どもはよく見ています。子どもが自らすすんで片づけをするようになるのはもっと先ですが、保育者の姿からその意義はしっかりと伝わっていくものです。

完全にきっちり片づけるのは子どもが帰った後でいいという考え方も大切です。園にいる間は続きがあるという意識が、次の遊びを引き出す大切な要素となります。

子どもがやりたいと思った時に、絵を描いたり製作するには？

育ちの中で大切にしたいこと

3歳頃になると、思い描いたものを形に表そうとすることが増えてきます。遊びながら思いつく、説明しながら描く、作りながら話す、他の子どもの遊びからまた思いつく。そういったイメージがあふれ出てくる大切な時期です。

画材や道具に触れ、使ってみて、描いたり作ったりしてみると、そのおもしろさに気づき、自分のイメージが膨らみます。

ところが、月に一度の設定された製作活動や決められた絵を描くなどだと、表したいものと子どもの気持ちが合わないこともあります。できる限り、描くことや作ることが、気構えなく、暮らしの中に当たり前のように可能になるといいですね。

モノ・人・場のヒント

保育者が描いたり作ったりしている行為を目にしていることも大切です。遊びに必要なお面を作る、看板を書く、子どもの言葉を聞き取って書く、絵にして説明をする等の行為が子どもたちの発想を柔らかくし、自らができることに気づき、やりたいと思うようになります。

→ 62、64頁参照

描いたものを飾ったり、お面バンドにつけたり棒に貼ったりなどしてごっこ遊びに活用すると、遊びの中で描く、作ることが子どもたちにとってより身近になります。　→ 66頁参照

時々画材や道具に触れ、表現を心から楽しみ、またやってみたいと思う体験が積み重なるようにするにはどうすればいいのか、園の事情に応じて工夫してみましょう。常設することが難しい場合があるかもしれませんが、絵を描いたり作ったりすることが子どものイメージを豊かにし、表現することの喜びや幸せにつながっていることが大切です。　→ 20、38、76、78頁参照

Q5　異年齢との過ごし方
合同保育で2・3歳児が楽しく遊ぶためには？

育ちの中で大切にしたいこと

　身体がよく動くようになり、できることが増えてきた2・3歳児は、4・5歳児がしていることにあこがれを抱き、まねをしたくなります。しかし、4・5歳児の微細な動きや思考にはまだ追い付かず、一緒に遊ぶことが難しい面もあるでしょう。

　また、小さな子どもたちの遊びには、少し前の自分と重ね、もう一度味わいたい遊びもあれば、もっと上手にできるようになったという優越感から自分で！という気持ちも大きくなります。異年齢の子どもたちとの間で揺れる、複雑な気持ちを受け止めつつ、子どもたちの願いが叶う空間をしっかりと確保してあげましょう。

モノ・人・場のヒント

　場所やメンバーが変わることで不安になる子どももいます。毎日のことだとしても、所在なく過ごしている場合があります。場は変わっても、いつものおもちゃがあるといいですね。また、見立てたり、なりきったりするなど、なじみのある遊びができるようにすることが大事です。

→ 30頁参照

　中には、4・5歳児がしている遊びにあこがれを抱き、一緒に遊びたいけれども仲間には入れてもらえないことがあるかもしれません。そんな時は、まねできるおもちゃや道具を用意したり、ついたてなどでスペース確保するなど、やってみたいことが叶うようにすることが大切です。

→ 68頁参照

　自分たちより年下の子どもたちの存在が愛らしく大切に思う時と、寛容に受け入れられない時で、態度が一変することもあります。そのような気持ちを受け止めつつ、保育者に守られる安心感をもって過ごせるようにしましょう。

保育の環境と評価

評価の方法には、あらかじめ評価基準を設け、保育実践や子どもの姿がその基準にどのくらい合っているか確認する「量的評価」と、保育実践や子どもの姿を文章や写真などの形式で記録し保育者自らの振り返りや職員間の話し合いに用いる「質的評価」があります。

環境構成のための保育の評価について考えてみましょう。

日常の保育のプロセスに位置づけられる評価は、その場かぎりで終わるのではなく、計画・実践・評価・改善を繰り返すことを通じて、継続的に実施されることが大切です。

保育の環境を評価する

　日本の保育は「環境を通して行う」保育です。イタリアのレッジョ・エミリア教育の創始者マラグッツィもまた、環境を大切に考えていました。『空間は第三の教育者である』という有名なことばは、子どもの学びの質は子どもを取り巻く環境空間の質に左右されることを意味しています。

　評価の方法には、大きく分けて、あらかじめ評価基準を設け、適合しているかどうか確認する「量的評価」と、省察を文章等にまとめ保育者自らの振り返りや職員間の話し合いに用いる「質的評価」があります[*1]。この2つを組み合わせることで評価の有効性が高まると指摘されていますが、多忙な保育現場ではなかなか難しいかもしれません。それでは、環境構成のための保育の評価はどのようにしたらよいのでしょうか。

	量的評価	質的評価
特徴	●決められた項目内容に照らし合わせ、実施状況や達成状況を段階や数値で示します	●保育活動や環境、子どもの姿、保育者の振り返り等について文章、写真、図、作品などで示します
長所	●「質の高い保育」を示した項目を網羅し基準にすることにより、包括的な現状の把握や課題の発見が容易になります ●結果をグラフや表で客観的に示したり、以前の状態や他者（園）と比較したりすることができます	●主観的に評価するプロセスを通じて保育の意味や創意工夫について自ら学ぶことができます ●その園の保育の文脈に沿いながら子ども理解を深めたり、保育者間で共有したりすることができます
短所	●項目内容が「質の高い保育」として全ての園に適用できない場合があります ●数値で示された調査結果の解釈や読み取りが必要になります ●社会的に最も受け入れられやすい回答を行う傾向から形式的な評価になりがちです	●記述したり素材を組み合わせて構成する保育者の力量が必要になります ●取り上げた場面やエピソード、解釈などの偏りや不足に気づきにくいかもしれません ●率直に語りあえる職場環境や対話の時間を確保することが必要です

保育者は環境のデザイナー

　これからの時代、教師や保育者は「創造的な環境のデザイナー」であることが求められています（OECD、2018）[*2]。「日本のフレーベル」として近代保育を

[*1] 詳しくは、121頁以降も参照。
[*2] （Paniagua, A., & Istance, D. (2018). Teachers as Designers of Learning Environments: The Importance of Innovative Pedagogies. Paris：OECD Publishing.）。OECDは2018年の報告書で、革新的な教育を推進するには、教師自身が創造的な問題解決者となり、子どもが本来もっている創造性、協同性、探求心を敏感にとらえ、学びの環境をデザインする設計者となる必要があると言っています。

創り上げた倉橋惣三も、保育者自身の「創造性」の必要性を強調していました。

子どもひとり一人の個性が違うように、園の状況や環境も違います。保育環境をデザインするには、特定の手続きや型・設計図に従うというよりも、子どもたちが主体的に生き生きと暮らし、遊び、学ぶ未来を思い描き、柔軟にアイデアを取り入れ、こまめに修正・微調整することが重要になってきます。

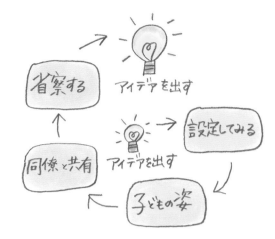

保育をしながら振り返る＝評価する

本書で提案したいのは、実践の中で、環境に少しあるいは大胆に手を加え、同時に子どものヒト・モノ・コトとのかかわりを注意深く観察し、再び何かを変えてみるという方法です。

新たな取り組みが次々とつながる渦巻型プロセスでは、想定外を受け入れ、計画どおりにならなくても動じません。試行錯誤や紆余曲折の後に、思わぬうれしい結果があったりするものです。あせらずにしばらく待ってみる、そばにいる同僚に「どうかな」とちょっと聞いてみるなど、多様な方法を試してみましょう。

渦巻型プロセス評価の要は、自動的な振り返りを引き出す思考習慣、視点（Habits of Mind）です。あなたは、視点の中の子どもの姿をイメージしながら、環境を変え、結果を省察し、保育者同士の対話や連携により、環境を構成・再構成し続けるデザイナーです。

津守真は、保育者による子ども理解の重要性を次のように表現しました。

「子どもは自分自身の心の願いを、自分でも十分に理解していない。おとなが理解することによって、子どもは次の段階へと心的発展をする。」[3]

保育者が「子どもの心の願い」を理解し環境を工夫する行為は、子どもの創造的な行為を生み出します。やがて子どもは、世界を変えていく担い手として育っていくでしょう。そこで私たちは、実践の振り返りや保育で大切にされていることを踏まえ、5つの視点を考えました（次頁）。

＊3　津守真（1987）『子どもの世界をどうみるか──行為とその意味』15頁、NHKブックス

保育環境を評価する「5つの視点」

日頃の子どもの過ごし方、保育者とのかかわりを客観的にとらえてみましょう。

視点 **1** 気持ち良い生活をしているかな

子どもたちの健康、安全、物的保障、教育、社会との関わり、生まれてきた家族と社会の中で愛され、認められ、その一員として含まれているという感覚を重視しています。(UNICEF)

心地よく身体を動かして遊びたい、穏やかに食べたり飲んだりしたい、ほっと一息ついて休みたいといった子ども一人ひとりのウェル・ビーイングへの要求が満たされる環境になっていますか。

視点 **2** 注意深く観て、能動的に聴いているかな

さまざまな分野で子どもが達成したことよりも、認知的なプロセスに大人がより注意を払おうとするとき、子どもの創造性がより見えるようになるのです。(L・マラグッツィ)

子どもは偉大な観察者です。子どもたちは何をじっくり観て、何に耳を澄ませ、何を感じ伝えようとしているでしょう。保育者が子どもの小さな気づきやつぶやきをとらえ、タイミングよくかかわることのできる環境になっていますか。

視点 **3** 一緒に面白がることができるかな

子どもの「センス・オブ・ワンダー」を新鮮にたもちつづけるためには、(中略)感動を分かち合ってくれる大人が、すくなくともひとりそばにいる必要があります。(R・カーソン)

子どもは生まれつき神秘さや不思議さに目を見張る感性をもっています。その環境の中で子どもたちは興味をもち、面白がることができますか。保育者はそれぞれの子どもの発見に関心を示し、寄り添い、一緒に面白がっているでしょうか。

視点 **4** 新しいモノ・コトが作り出されているかな

子どもたちが想像・創造・遊び・共有・振り返りの良い循環に入れるように支援することが、創造的思考者へと導くのです。(M・レズニック)

これからの時代で重要といわれる創造性は、1人の天才に備わっているものではなく、大人や仲間とともに作り上げられ育まれるものです。独創性や個性を称えていますか。創造的な学びが発生し、根づく環境になっているでしょうか。

視点 **5** 社会が生まれているかな

子どもたちは単なる未来の市民ではなく、現在および現在の都市の市民であり、自分の意見を表明し、都市の市民生活や文化生活に参加する権利をもっています。(ハーバード・プロジェクトゼロ)

私の声が聴かれていると確信した子どもの関心は、仲間や周囲の人々へと向かいます。家庭や園という身近な社会から地域、国、そして世界へ。他者を知りたい、貢献したいという子どもたちの思いが実現されるような環境になっていますか。

2・3歳児 環境の工夫

※5つの視点は、子どもの姿や保育者のあり方に照らし合わせて考えるためのガイドです。0歳児から5歳児まで同じですが、視点の具体的な内容や重みづけは異なります。

視点 1 ： 気持ち良い生活をしているかな

身辺自立など、自分の活動をコントロールできるようになりたいと願う時期です。子どものペースややりかたに応じた丁寧なかかわりが必要です。ほっとできる場所、汚してもいい場所、自由に選んで遊べる場所を準備しながら、子どもが並んで待つ必要のない生活の流れを工夫しましょう。

視点 2 ： 注意深く観て、能動的に聴いているかな

生活の中で体験・経験したことと、園での遊びがつながる姿が見られるようになります。多様な見立てやごっこ遊びに使うことのできる素材や玩具を準備してみましょう。四季折々の自然は驚きと発見をもたらしてくれます。マイ収集箱（袋）を持って、子どもと気軽に行くことのできる場所を探してみましょう。

視点 3 ： 一緒に面白がることができるかな

身体の動きが活発になり、言葉も良く出てきて世界が広がる時期です。保育者は子どものイメージや見立てを理解し遊びに加わりながら、自分からやってみたい挑戦してみたい気持ちを支えます。寄り添いながら自信を育む一方で、失敗にはおだやかなユーモアのあるかかわりも。ダメを言わなくていい環境を構成するにはどうしたらよいでしょうか。

視点 4 ： 新しいモノ・コトが作り出されているかな

イメージがとても豊かになるこの時期、イメージを具体化する活動を支えましょう。また、子どもたちは「場所見つけ」から「場所づくり」を始めます。子どもたちが自分で動かすことのできるモノや工作物は、新しい遊びを生み出します。手先を使ってモノにかかわり遊ぶことも、身体で表現することも大好きです。

視点 5 ： 社会が生まれているかな

友だちとかかわりたい気持ちが強くなってくる時期です。一緒が楽しく遊びが広がる一方で、イメージの違いから衝突することも。保育者がイメージを共有できる位置取りをしたり、ペアのおもちゃを適度に用意したりしましょう。大人の支援が必要な場合もありますが、機会をとらえ、仲間と一緒の楽しさを味わうことのできる環境を作りましょう。

第6章 保育の環境と評価

119

3 5つの視点の使い方

前頁で提案した5つの視点をどのように実践で使えばよいのか、考えてみましょう。

　　子ども中心の保育は、子どもの声や思いに耳を傾け、子どもの姿をよく見守ることから始まります。5つの視点は、子どもの主体性（agency）を大切にしながら、その園の環境や保育のあり方に照らし合わせて環境構成を考えるための目標ガイドです。

　　人間は目標設定のもとで行動をとると「どうしたらもっと良くなるかな？」「次にどうしたらいいんだろう？」と、無意識のうちに振り返りを行い次の目標を設定するようになります[*4]。

　　目の前の子どもの様子や日常の保育を思い浮かべ、視点に沿って考えてみましょう。たとえば、「視点1：気持ち良い生活をしているかな」の場合、「食事の時に落ち着かなくて」「楽しく食べる姿をもっと増やしたい」など、課題点や改善点を思い起こしてみてください。「こうしたらどうなるかな？」と想像してみることが大切です。実行に移した後で、子どもの姿を見てみます。成功しましたか？それともまだ変化が見られないでしょうか。

　　次に、実践したこととその結果を、同僚に伝えてみましょう。話し合う時間がなければ、日案や週案に記録して、自由に閲覧できるようにしておく方法もあります。同僚は、あなたの実践を喜んでくれるかもしれません。対話から新しいアイデアが得られるかもしれません。

　　そして、次の保育に向けて想像してみます。視点の隣に空欄を設け、エピソードとともに現状や課題点を書きだしてみるのもよいかもしれません。写真やイラストで示したり、振り返りや新しい取り組みのアイデアを書き留めてみましょう。

　　132・133頁の「振り返りシート」は、5つの視点をもとに環境を変えていくためのツールです。自由にカスタマイズしてください。

[*4]　このような無意識の振り返りはFFA（フィードフォワード・アクション）と呼ばれます。

事例・エピソード記述

保育計画や指導計画の具体的なねらいや内容とともに、文章等で記録されます。これらの事例・エピソード記述は保育者の日々の振り返りに用いられたり、園内研修など保育者集団内の学び合いや協力体制づくりに利用されます。

ドキュメンテーション

ドキュメンテーションとは、子どもたちの活動に関する保育者による記述だけではなく、写真やビデオなどの映像、絵や制作物、つぶやきの記録などすべてを含みます。しかし、記録しただけでは本来のドキュメンテーションとはいえず、それらを囲んで保育者・子ども・保護者が対話することで初めて保育のドキュメンテーションとなります。

構成主義の考えに基づくレッジョ・エミリアの教育などでは、保育実践を成立させる主要な要素としてドキュメンテーションを位置づけており[5]、スウェーデンでは国が決めた教育カリキュラムに沿うことから「教育的ドキュメンテーション」と呼ばれています。

*5 C. リナルディ（2001）「ドキュメンテーションから構成されるカリキュラム」C. エドワーズ、L. ガンディーニ、G. フォアマン著、佐藤学、森眞理、塚田美紀（訳）『子どもたちの100の言葉—レッジョ・エミリアの幼児教育』世織書房

ポートフォリオ

　保育教育における（個人）ポートフォリオとは、その子どもの学びや成長過程について、多角的な視点からとらえられ、意味づけされ、言葉・写真・図などで綴られた記録です。保育経過記録や保育日誌とは異なり、保育者だけによって作成されるのではなく、子どもや保護者も作成にかかわることに意義があります。

　ポートフォリオにおける評価は、評価する側とされる側という一方向的な関係性を排し、保育者のみならず子どもと保護者がともに評価する主体であること、子どもの学びは、保育者・子ども・保護者が協働して作りあげていくものであることを意味しています。

ラーニング・ストーリー

　ラーニング・ストーリー(Learning Story)は、ニュージーランドの多くの保育施設で実施されている、観察と記録による子ども理解の方法です。保育者が子どもの視点で語りかけるように記述することが特徴で、文章のみ、または写真や子どもの作品に文章を添えて作成されます。

　5つの学びの構え（関心・熱中・挑戦・コミュニケーション・責任）を手がかりとして、子どもの学びを記述・評価します。介入の際には、できないことに着目する問題点モデルではなく、学びの構えを育てる信頼モデルによるアプローチをとります[6]。

＊6　M. カー（2013）『保育の場で子どもの学びをアセスメントする』大宮勇雄、鈴木佐喜子（訳）ひとなる書房

ウェブ

　ウェブとは、創発的なカリキュラムを作成する際に、保育に関連する物事や出来事を関係づけた概念マップのことです。時間やスケジュールに沿って記録するのではなく、重要と考える子どもや子どもの興味・関心を中央に配置し、関連する事象を図式化しながら、保育の現状を視覚的に把握し、評価します。

　また、評価に基づいた新しい取り組みを計画することにも利用されます。一度作成したウェブに新たな概念を付け足したり、概念間の結びつきを操作したりすることで、保育の思考を柔軟に変化させていくことが可能となります。

保育マップ

　遊びや生活での子どもたちのかかわり、活動の展開や推移について、紙面に書かれた環境見取り図に文章で記録する形式と、その場で環境や人物をイラストで描き文章を交えて記録する形式の2種類があります。

　環境空間とともに、遊びの全体像を具体的に表すことにより、子どもと場、遊具、仲間、保育者との関係性を視覚的に俯瞰し、振り返ることができます。

量的測定による評価

保育の質（保育行為や保育の中での子どもの姿、環境のあり方）を数値により示し、目標の達成状況や実施状況を比較したり分析することに利用します。

チェックリスト/リッカート式尺度

　チェックリストとは、保育に関して確認すべき重要な項目と、「はい・いいえ」「〇・×」「✓（チェック印）」などの判定が対になった一覧表のことです。大切なことを、効率良く網羅的に確認することに適しています。

　判断の選択肢が2つ以上あるリッカート式尺度は、単に「尺度」ともいわれ、アンケートでは最もよく使われています。程度や頻度について細かく判定できる点がチェックリストとの違いです。個々の項目の事柄に対して、例えば「とても〇〇している・〇〇している・あまり〇〇していない・全く〇〇していない」のように、程度や頻度の段階を設け、数値（1〜4）や記号（A〜D）を割り振り、その値や記号に配点（4点〜1点）することにより評価します。

　チェックリストやリッカート式尺度は、その園が重視している事柄を項目に盛り込むほか、運営母体や地方自治体によって作成され、園内の（または保育者の）自己評価として使用されています。

保育スケール

　海外で開発され現在日本語に訳されている保育スケールには、3−5歳児対象のECERS（Early Childhood Environment Rating Scale）[7]、0−2歳児対象のITERS（Infant and Toddlers Environment Rating Scale）[8]、就学前対象のECERS-E（ECERS-Extension）[9]、2−5歳児対象のSSTEW（Sustained Shared Thinking and Emotional Well-being）[10]、乳幼児対象のSICS（Self-assessment Instrument for Care Settings）[11]があります。

　ECERS/ITERSは、日本語では「保育環境評価スケール」と訳されますが、保育者のかかわりも含まれており、集団保育の総合的な質を測定する尺度です。

＊7　Harms, T., Clifford, R. M., & Cryer, D. (2016).『新・保育環境評価スケール ①』埋橋玲子 (訳) 法律文化社.
＊8　Harms, T., Cryer, D., Clifford, R. M., & & Yazejian, N. (2018).『新・保育環境評価スケール ②』埋橋玲子 (訳) 法律文化社.
＊9　Sylva, K., Siraj, I., & Taggart, B. (2018).『新・保育環境評価スケール ③』埋橋玲子 (訳) 法律文化社.
＊10　シラージ, I., キングストン, D., メルウイッシュ, E.. (2016).『「保育プロセスの質」評価スケール』秋田喜代美・淀川裕美 (訳) 明石書店
＊11　「保育 プロセスの質」研究プロジェクト 代表 小田豊(2010).『子どもの経験から振り返る保育プロセス―明日のより良い保育のために―』幼児教育映像制作委員会

	ITERS-3	ECERS-3	SSTEW
観察時の対象	保育者の取り組み	保育者の取り組み	保育者と子どものやり取り/子どもの経験
対象年齢	誕生から2.5歳	2.5歳から5歳	2歳から5歳の保育者
収録されているサブスケールと項目数	「空間と家具」(4項目) 「養護」(4項目) 「言葉と絵本」(6項目) 「活動」(10項目) 「相互関係」(6項目) 「保育の構造」(3項目)	「空間と家具」(7項目) 「養護」(4項目) 「言葉と文字」(5項目) 「活動」(11項目) 「相互関係」(5項目) 「保育の構造」(3項目)	「信頼、自信、自立の構築」(3項目) 「社会的、情緒的な安定・安心」(1項目) 「言葉・コミュニケーションを支え、広げる」(4項目) 「学びと批判的思考を支える」(4項目) 「学び・言葉の発達を評価する」(2項目)
全項目数	33	35	14
全指標数	461	462	160

ECERS-Eは、ECERSに収録されていた認知的側面や文化的多様性の理解を促す保育環境にかかわるサブスケールを拡張した尺度構成となっています。SSTEW[*12]は、Siraj-Blatchfordが提唱した、幼児教育におけるSustained Shared Thinking（ともに考え、深め続けること）の重要性に鑑み開発された保育スケールです。

　これら保育スケールでは、複数の園の査察や研究での使用を目的としていることから、①クラス単位・園単位の保育の質を対象としている、②同じ測定システムの構造（サブスケールと下位項目、項目内容を評定するための質的に異なる7段階の指標）に基づいている、③保育の質の査察や研究に用いる場合は原則的に訓練された評定者によって測定される特徴があります[*13]。

　SICSは、Laeversが提唱したExperiential Education（経験に根差した教育）の鍵となる2つの概念、「安心度」と「夢中度」を測定するための保育スケールです。保育者が観察により個々の子どもの「安心度」や「夢中度」の質的な違いを5段階で評定し、物的環境や保育者の支援の方法に照らし合わせ、園内で振り返りを行います。監査や査察を目的としているのではなく、園内での子どもに関する共通理解や保育者集団の力量の形成に向けて作成されました。 ✿

＊12　Siraj-Blatchford, I. (2007). Creativity, Communication and Collaboration: The Identification of Pedagogic Progression in Sustained Shared Thinking. *Asia-Pacific Journal of Research in Early Childhood Education, 1*(2), 3-23.
＊13　埋橋玲子 (2018). 諸外国の評価スケールは日本にどのように生かされるか　保育学研究, 56(1), 68-78.

５つの視点振り返りシート

視 点	実践した日		
視点1 気持ち良い生活を　　　　しているかな	☐ ◯／	☐ ◯／	☐ ◯／
視点2 注意深く観て、　　　　能動的に聴いて　　　　いるかな	☐ ◯／	☐ ◯／	☐ ◯／
視点3 一緒に面白がる　　　　ことができるかな	☐ ◯／	☐ ◯／	☐ ◯／
視点4 新しいモノ・コト　　　　が作り出されて　　　　いるかな	☐ ◯／	☐ ◯／	☐ ◯／
視点5 社会が生まれて　　　　いるかな	☐ ◯／	☐ ◯／	☐ ◯／

変えたこと・実践してみたこと・結果の振り返り

第6章 保育の環境と評価

コラム① 「命と暮らす」ということ

小さな命と向き合うきっかけ

こども園に勤務していた頃の話です。「飼ってみれば?」と、園にアゲハチョウの幼虫や小川の魚などを連れてきてくださる方がいました。予想外の生き物との出会いに、自分たちで世話をできるのだろうか、子どもはどのような経験をするのだろうかと考えました。しかし、考えていても誰かが世話をしなくては、生き物たちのお腹は減るばかりです。初めは朝や夕方、次第に保育の中で子どもたちと世話をし始めました。フンの掃除や餌やりにも慣れてくると、子どもたちで進められるようになりました。そうすると今度は、子どもたちが見つけたダンゴムシやハサミムシなどの生き物の世話もできそうな気がしてきました。

このようにして、たくさんの生き物と出会い、飼育する日々が始まりました。

「命と暮らす」ことだと気づく

もちろん死なせてしまうこともあります。けれどもそれは、向き合うべきことであり、お別れをすることを教えてくれているようにも感じます。自分たちの世話の仕方が良くなかったのだろうか、逃がしてあげてもよかったことなどを子どもたちと話しますが、それは命の尊さを伝えるためというよりも、どんな小さな命でも、「死」に対して平気にならないようにいたいからです。

自分たちが関係した命はできる範囲で責任をもって大切にしたい、その出会いから生まれるおもしろさを子どもたちと共有したいと考えるようになりました。「飼育・栽培」というよりも「命と暮らす」といったほうが近いかもしれません。

同居人のことをもっと知りたくなる

命あるものと一緒に暮らすと、同居人のことをもっと知りたくなります。何を食べるだろうか。どんな家が好きなのだろう。ご飯や身のまわりの世話と奮闘するうちに、好物の葉が散歩で通る道に生えていたことに気づいたり、図鑑で見ると「へぇ」ということが載っていたりします。いつも見かけていたはずの生き物に、実は知らないことがたくさんありました。

他にも散歩でこんな虫に会った、蛹（さなぎ）になったなど、ワクワクすることがあるとそのニュースをクラスの子どもたちや保護者にも伝えたくなります。撮った写真に虫の名前やコメントを添え、世話の様子や変化をドキュメンテーションとして掲示したり、飼育ケースの場所を工夫したりと、保育者も一緒にワクワクするなかで、環境も保育も変わっていきました。

飼育・栽培というと構えてしまいますが、命と暮らすと考えると、身近なおもしろさに出会うきっかけに気づかせてくれるように思います。
（千葉明徳短期大学保育創造学科講師　古賀琢也）

散歩先で見つけたダンゴムシを飼い始めてみた頃の写真。適度な土や枯葉、湿り気が必要とのことで、初めのうちは保育者が主体となって世話をし、子どもたちは触れ合うことを楽しんでいました。

湿り気を保つための霧吹きは、子どもたちも手伝いやすく、大人気。初めは霧吹きそのものにも興味があり、何人もやりたい子どもがいたため、保育者が声をかけながら交代して吹きかけていきました。次第に虫好きの子どもが継続して、霧吹きや草を変えたりと世話をし、霧吹きの適量などに詳しくなりました。

ワクワクすると発見があり、伝えたくなります。迎えに来た保護者に得意そうに話すと、子どもの話に感心したり、おもしろがってくれました。

部屋での飼育と散歩がつながります。初めは既製品の飼育ケースを使っていましたが、「自分の虫かごに入れたい」と、手づくりの虫かごづくりが始まりました。透明なケースを用いる子どももいれば、食品用ラップの空き箱のように気に入った形で素材を選ぶ子どももいました。

コラム② 食べることが大好き

「おいしい」「うれしい」食事の時間

本園では、味覚の土台を育むために、旬の食材を使った和食を中心に提供しています。和食の「要」となる"だし"は、昆布・かつお節・煮干しからていねいに取り、素材のおいしさを感じ、楽しく食べることで、食の喜びにつながるような給食を大切にしています。おいしくて楽しい取り組みのヒントをお伝えします！

和食 / 園の食事 / 手づくり / 旬の食材

和食中心の食事

＼ 人気メニュー ／

● 甘納豆お赤飯　● さんまの竜田揚げ
● 切干大根の煮物　● 豆腐と小松菜のすまし汁
● リンゴ

さんまの竜田揚げは、魚が苦手な子どもでもおいしく食べられるメニューで、保護者対象の給食試食会でも提供しました。
揚げ物は「難しい」「片づけが大変」というイメージがあるので、少ない揚げ油で調理できる、簡単に作れる魚料理を提案することで、少しでも家庭で食べる頻度を増やすきっかけになればと考えました。

行事食　こどもの日

＼ こどもの日 ／

● こいのぼりハンバーグ
　目…チーズ、昆布の佃煮　うろこ…きゅうり
　登り旗…きゅうり、トマト

こいのぼりの黒目は、当日のすまし汁の出汁に使った昆布を、型抜きを使って作りました。味つけは、子どもたちの好きなしょうゆ・みりん・三温糖で佃煮風に仕上げました。
こいのぼりのうろこは、きゅうりを小さく切りおからハンバーグに飾りました。子どもたちは見た瞬間「わぁ〜かわいい」と大喜びでした。

130

行事食　たなばた

＼ 七夕 ／

- きらきらごはん（人参）　● 鶏肉のから揚げ
- お星さまのきゅうりサラダ
- 七夕ケーキ　● スープ

＼ おやつ ／

- 七夕ゼリー

＊材料は、同じりんごとぶどうジュースで作った寒天ゼリー
＊同じ材料でも、盛り付け方次第で変化のあるおやつになります。

おやつ

七夕ゼリー

あじさいゼリー

行事食　12月お楽しみ会

＼ お楽しみ会 ／

- 雪だるまのポテトサラダ
  顔…黒ごま、ケチャップ
  マフラー…赤の食紅で染めたうどん
  雪だるま…じゃがいも、ベジタブルネーズ

雪だるまを見て、「これ、何でできているの？」と興味津々で、食事の前に一つひとつのパーツを紹介しました。食事中は「おいしいね」と雪だるまを最初に食べる子ども、もったいなくて最後に食べる子ども、マフラーから食べる子どもなどさまざまな食べ方がありました。
ポテトサラダのマヨネーズは、卵不使用のベジタブルネーズを使い、アレルギーのある子どもでも皆と楽しく同じメニューが食べられるよう配慮しています。

食紅で染めたうどんがマフラーに

子どもが作った「かまくら」に入った雪だるま。かまくらはロールパンです。

食べることが、もっと好きになる！

情報を紹介 〈郷土料理〉
- 地域の地図 ● 食材の写真を紹介

▲保護者…レシピや
子どもたちの食事の
様子を紹介

昼食の時間に、山梨の場所を地図で見たり、具材の話を
しました。「お父さんが生まれたところだよ」「おばあ
ちゃんが住んでるよ」「富士山が見えるところだ」など会
話が弾み、かぼちゃが苦手な子どもも、この日はよく食
べていました。

ひっつみ づくりを見る

「引っ張って、ちぎって
作るからひっつみと言う
んだよ」

わぁスゴイ！となが〜く伸びた生地にびっくり、真剣
な表情です。

食べる
- ●ほうとう　おかわりは自分でよそう

初めて見る"ほうとう"に興味津々、もちもちしてお
いしいと好評でした。

食材を見る
- ●むろぶしごはん

2種類のあじを比べてみると「むろあじの
ほうが太っているね」と発見。

違いを感じる生活！

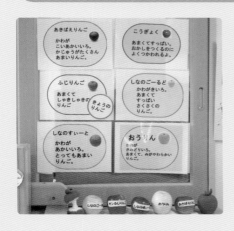

給食で提供する果物はいろいろな銘柄にして、実物や表を提示します。「りんご」ではなく「シナノゴールド」と子どもが品種を伝える姿が見られ、親子がこの場所で給食、食材の会話をするようになりました。昼食時の会話も「今日のりんご何だろう？」「甘いから王林かな」「サンふじりんごは赤いりんごだね」と興味を示す様子が見られました。

いつもの給食、ひと工夫でワクワク！

外で給食が食べたいな！そんな願いをかなえようと考えた「ピクニック給食」。遠足の時は各家庭からお弁当を持ってきますが、「ピクニック給食」は、いつもの給食をランチパックに詰めて、外へ持っていきます。
やってみると、一番楽しかったのはランチパックに詰めることでした。ランチパックを持って外に出かける。いつもの給食が、格別においしく感じられました。

ランチパックに詰めています。

テーブルに食材が並んでいます。

おにぎりは自分で握ります。

外でおいしくいただきました。

（文京区立お茶の水女子大学こども園管理栄養士　川島雅子）

多様な遊びが生まれ刻みこまれていく保育室

**2歳児の
スペース**　本園では1・2歳児がオープンスペースで過ごしていますが、2歳児のスペースには潜り込むことができる場所があり、何かになって遊ぶ姿が多く見られます。いろいろな遊びを楽しめるようにと願っています。

お家ごっこを楽しめる道具がいっぱい。おんぶひもや布のバッグも置いてあります。

0・1歳児クラスでも活躍していたアルミシートの鏡。

ゴロゴロできて3つ折りになるマット。数人で固まって遊ぶ姿がよく見られます。

潜り込んで遊べる場所。手づくりの椅子はどこにでも移動できます。場を作って遊ぶ姿が出てきました。

じゅうたんが敷いてあります。座り込んで遊べるものが置いてあり、居心地の良さを感じられる場です。

雨の日には外に出られないので、室内に運動ができる場を作っています。

「こちらからね」と声をかけて誘導しています。それぞれのやり方ではしごを渡っていきます。

落ち葉を貼ってクリスマスの飾りを作った子どもたち。完成したリースは壁に飾ります。

リースづくりの様子の記録も飾ります。子どもたちの取り組んでいる様子が伝わるようです。

自分のやりたいことがはっきりしてきて、活発に活動するようになってきた子どもたちの環境には、多様な遊びや動きを引き出す要素が必要です。保育室の様子を詳しくみていきましょう。

3歳児のスペース

3歳児クラスになり、仲間が増えました。自分たちで場や物を作って遊びます。遊びの場が多様にあります。4歳児や5歳児の影響も受けながら育っていく子どもたちのスペースです。

熱帯魚・汽車のおもちゃ・ブロック

熱帯魚コーナー。子どもたちが日々見ることができる位置です。

熱帯魚を見ていたら「こっちも魚いるよ」と、描いた絵を貼り始めました。

電車のおもちゃ、色つきの小積み木などを収納。

三角巾のように頭に巻くことができる布。この日はピクニックシートのイメージで使っていました。

ままごとコーナー 積み木コーナー

ウレタン積み木は、ソフトな印象です。危なくないように角が丸くなっています。場を作って遊ぶことを大事にしています。

棚をカウンターのような位置に設定すると、「いらっしゃいませ」など元気な声が響きます。

製作コーナー

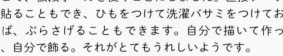

描いた絵を壁に直接貼ると、壁が汚れてしまうことも。そこで、板段ボールを使うことにしました。直接テープで貼ることもでき、ひもをつけて洗濯バサミをつけておけば、ぶらさげることもできます。自分で描いて作って、自分で飾る。それがとてもうれしいようです。

（宮里暁美）

おわりに

　たくさんの方のご協力を得て『思いをつなぐ　保育の環境構成』という素敵な本ができました。さまざまな環境の紹介、豊かな実践園の記録、コラムや評価、Ｑ＆Ａなど、すぐに参考になる内容を盛り込んでいます。どうぞゆっくりお読みください。

　本園では、2016年4月の開園以来、笑顔輝く保育を求めて歩んできました。子どもたちの姿に目をこらし、子どもたちの声に耳をすまし、子どもたちの発想に驚く日々は、保育者である喜びを実感する時でもありました。私たちは、子どもたちの様子を言葉や画像で記録し、それをもとに語り合う時間を大事にしてきました。一枚の写真について語り合うことで、その子の思いが見えてくる、という体験は、子どもたちのことをもっとよく見ていこうという思いにつながっていきます。第2章、第3章は、そのようにして蓄積された保育記録をもとに作られています。ここに子どもがいます。ここに保育者がいます。いくら見ていても見飽きないくらい面白い保育の世界だと思います。

　無藤隆先生からいただいた「子どもは仲間とともに部屋や外にある物を使ってイメージを描きだし、この世界が面白いことに満ちていると発見するのです。」という言葉を胸に刻み、実践を重ねていきたいと思います。

　最後になりましたが、素敵な写真をとってくださった島田聡さん、温かな気持ちになるイラストを描いてくださったみやいくみさん、そして、環境の本を３冊セットで作りたいというプランを受け止め、励まし確実に実現してくださった中央法規出版第１編集部の平林敦史さんに心から感謝いたします。

宮里暁美

著者紹介

編著者

宮里暁美 (みやさと・あけみ)

文京区立お茶の水女子大学こども園園長、お茶の水女子大学人間発達教育科学研究所教授。国公立幼稚園教諭、お茶の水女子大学附属幼稚園副園長、十文字学園女子大学幼児教育学科教授を経て、2016年4月より現職。専門は保育学。著書に『保育がグングンおもしろくなる 記録・要録 書き方ガイド』（編著、メイト、2018年）、『0－5歳児　子どもの「やりたい！」が発揮される保育環境―主体的・対話的で深い学びへと誘う』（監修、学研プラス、2018年）、『保育士等キャリアアップ研修テキスト別巻　保育実践』（編集、中央法規出版、2019年）などがある。

執筆者

宮里暁美…第1章・第4章①コメント・コラム③
文京区立お茶の水女子大学こども園
（松葉彼愛・古川史子・粕川菜穂子・川田雄也・内野公恵）…第2章・第3章

（写真右上より時計回りで、古川史子、川田雄也、松葉彼愛、粕川菜穂子、私市和子、宮里暁美、内野公恵）

和仁正子（社会福祉法人蓮華会ひきえ子ども園）…第4章①
福田真由美（社会福祉法人聖光会世田谷おとぎの森保育園）…第4章②
井上寿（株式会社Integral Design Studio代表取締役）…第4章②コメント
川辺尚子（保育のデザイン研究所）…第5章
内海緒香（お茶の水女子大学人間発達教育科学研究所特任講師）…第6章
古賀琢也（千葉明徳短期大学講師）…コラム①
川島雅子（文京区立お茶の水女子大学こども園管理栄養士）…コラム②

遊んで感じて自分らしく

思いをつなぐ　保育の環境構成　2・3歳児クラス編

2020年3月1日　発行
2022年3月20日　初版第4刷発行

編著者　宮里暁美
著　者　文京区立お茶の水女子大学こども園
発行者　荘村明彦
発行所　中央法規出版株式会社
　　　　〒110-0016　東京都台東区台東3-29-1　中央法規ビル
　　　　Tel 03(6387)3196
　　　　https://www.chuohoki.co.jp/

印刷・製本　　　図書印刷株式会社
装丁　　　　　　澤田かおり（トシキ・ファーブル）
本文デザイン・DTP　澤田かおり　南口俊樹（トシキ・ファーブル）　中島牧子
撮影　　　　　　島田 聡
写真提供　　　　文京区立お茶の水女子大学こども園
イラスト　　　　みやい　くみ

定価はカバーに表示してあります。
ISBN978-4-8058-8104-0